AFETIVIDADE E LETRAMENTO NA EDUCAÇÃO DE JOVENS E ADULTOS

EJA

CB079359

CÓPIA NÃO AUTORIZADA É CRIME
ABDR
ASSOCIAÇÃO BRASILEIRA DE DIREITOS REPROGRÁFICOS
RESPEITE O DIREITO AUTORAL
EDITORA AFILIADA

Coordenador Editorial de Educação:
Marcos Cezar de Freitas

Conselho Editorial de Educação:
José Cerchi Fusari
Marcos Antonio Lorieri
Marli André
Pedro Goergen
Terezinha Azerêdo Rios
Valdemar Sguissardi
Vitor Henrique Paro

Dados Internacionais de Catalogação na Publicação (CIP)
(Câmara Brasileira do Livro, SP, Brasil)

Afetividade e letramento na educação de jovens e adultos EJA / Sérgio Antônio da Silva Leite , (org.). – São Paulo : Cortez, 2013.

Vários autores.
Bibliografia.
ISBN 978-85-249-2021-9

1. Afetividade 2. Educação de adultos 3. Educação de jovens 4. Letramento I. Título.

13-02775 CDD-374

Índices para catálogo sistemático:

1. Educação de adultos e jovens 374
2. Educação de jovens e adultos 374

SÉRGIO ANTÔNIO DA SILVA LEITE
(ORG.)

AFETIVIDADE E LETRAMENTO NA EDUCAÇÃO DE JOVENS E ADULTOS EJA

1ª edição
2ª reimpressão

CORTEZ EDITORA

AFETIVIDADE E LETRAMENTO NA EDUCAÇÃO DE JOVENS E ADULTOS – EJA
Sérgio Antônio da Silva Leite (Org.)

Capa: de Sign Arte Visual
Preparação de originais: Jaci Dantas
Revisão: Marcia Nunes
Composição: Linea Editora Ltda.
Coordenação editorial: Danilo A. Q. Morales

Nenhuma parte desta obra pode ser reproduzida ou duplicada sem autorização expressa dos autores e do editor.

© 2013 by Sérgio Antônio da Silva Leite

Direitos para esta edição
CORTEZ EDITORA
Rua Monte Alegre, 1074 – Perdizes
05014-001 – São Paulo – SP
Tel. (11) 3864 0111   Fax: (11) 3864 4290
E-mail: cortez@cortezeditora.com.br
www.cortezeditora.com.br

Impresso no Brasil — agosto de 2023

Sumário

Da esquerda para a direita: Flávia, Lucia, Sérgio e Daniela

Sobre os Autores

Daniela Gobbo Donadon Gazoli

Pedagoga pela Universidade Estadual de Campinas — Unicamp (2009). Realizou intercâmbio acadêmico na Espanha, focando seus estudos na Educação de Adultos e Desenvolvimento Humano, na Universidad Complutense de Madrid — UCM. Trabalhou como professora de educação básica na rede pública da Prefeitura de Sumaré (SP). Em 2007, iniciou seus estudos como pesquisadora no Grupo do Afeto, inserido no grupo de pesquisa ALLE — Alfabetização, Leitura e Escrita. Participou de congressos e publicou artigos para divulgação de suas pesquisas sobre Educação de Jovens e Adultos. Em 2011, iniciou o Mestrado na Faculdade de Educação da Unicamp, participando do Programa de Estágio Docente da instituição, em 2012 e 2013. Atualmente é bolsista de Mestrado, em regime de dedicação exclusiva, pela Fundação de Amparo à Pesquisa do Estado de São Paulo — Fapesp.
E-mail: danidonadon@gmail.com

Flávia Regina de Barros

Pedagoga pela Universidade Estadual de Campinas — Unicamp, 2005. Mestre em Educação (2011) e doutoranda na Faculdade de Educação da Unicamp. Foi professora do Ensino Fundamental na rede estadual por seis anos e coordena-

dora pedagógica na rede particular de ensino de Amparo (SP) por dois anos. Atualmente, trabalha como diretora de escola na rede municipal de Amparo (SP). Como pesquisadora, iniciou com o Grupo do Afeto (parte do grupo de pesquisa ALLE — Alfabetização, Leitura e Escrita, na FE/Unicamp) sobre questões relacionadas com a mediação pedagógica, afetividade e letramento. Publicou artigos e capítulos produtos de suas pesquisas, relacionados a estes temas.
E-mail: fla.prof@gmail.com

Lucia Maria de Santis Barella

Pedagoga pela Universidade Estadual de Campinas — Unicamp. Especialista em Psicopedagogia pela Universidade São Francisco (USF). Mestre em Educação pela Unicamp. Trabalhou na rede particular de ensino de Campinas, de 1997 a 2000, lecionando para crianças de 1º, 2º e 4º anos. Foi professora de jovens e adultos, do 2º ao 5º ano, no Centro Estadual de Educação Supletiva "Paulo Decourt" (CEES) — Unicamp, de 2001 a 2004. Trabalha, desde 2000 como professora de jovens e adultos na Fundação Municipal para Educação Comunitária (Fumec), onde também atuou como assistente de coordenação e diretora.
E-mail: luciassantis@yahoo.com.br

Sérgio Antônio da Silva Leite

Psicólogo. Doutor em Psicologia pela Universidade de São Paulo. Professor do Departamento de Psicologia Educacional da Faculdade de Educação da Unicamp (FE/Unicamp), a partir de 1984. Desde 1970, desenvolve e orienta estudos e pesquisas sobre a questão da Alfabetização Escolar. Nas décadas seguintes, publicou *Alfabetização — Um projeto bem-sucedido* (1981), *Preparando a Alfabetização* (1984) e *Alfabetização e Fracasso Escolar* (1988), todas pela Editora Edicon. Atualmente é membro do grupo de pesquisa ALLE — Alfabetização, Leitura e Escrita, na FE/Unicamp, onde organizou o Grupo do Afeto, que vem desenvolvendo pesquisas sobre o tema da Afetividade no processo de mediação pedagógica. Nesse período, organizou *Alfabetização e Letramento* (Komedi, 2001) e *Afetividade e Práticas Pedagógicas* (Casa do Psicólogo, 2006). Autor de *Alfabetização e Letramento* (Summus, 2010, coautoria). Foi diretor da Faculdade de Educação da Unicamp, no período 2008 a 2012. Foi conselheiro, por duas gestões, do Conselho Regional de Psicologia de São Paulo (CRP/SP) e do Conselho Federal de Psicologia (CFP).
E-mail: sasleite@uol.com.br

Prefácio

O livro *Afetividade e Letramento na Educação de Jovens e Adultos (EJA)*, coordenado pelo professor dr. Sérgio Antônio da Silva Leite, apresenta um conjunto de textos muito bem integrados, tendo como foco principal as questões da afetividade e do letramento.

Os educadores da EJA buscam avidamente leituras que lhes possibilitem melhor entender o processo educacional com esses educandos, uma vez que a grande maioria não recebeu, em sua formação acadêmica, um preparo que lhes desse um suporte teórico como garantia de um trabalho mais adequado, principalmente em se tratando de adulto. Assim, um trabalho como este vai suprir uma lacuna que perdura já há algum tempo no Brasil.

A afetividade é um marco para compreender o fazer pedagógico, permitindo entender os sucessos e fracassos do relacionamento educador-educando, podendo, certamente, fazer com que as dificuldades do momento não sejam intransponíveis, como de imediato pode parecer. Um conhecimento mais detalhado do educador sobre essa temática pode lhe dar suporte para auxiliar o adulto a encontrar os caminhos que lhe permitam continuar no processo de aprendizagem e não abandoná-lo por desesperança.

Considero a leitura desta obra obrigatória para todos aqueles que desejam enveredar para uma área pouco valorizada. Por isso, uma produção acadêmica como esta demonstra o respeito e o compromisso dos autores em ajudar a tornar o caminho mais ameno, mais suave, mais compreensível a tantos quantos partam para um trabalho educacional com o jovem e o adulto. Os leitores vão encontrar nos textos aspectos significativos que formam um corpo de conhecimentos norteadores das ações pedagógicas em sala de aula.

O primeiro texto — "Afetividade e letramento na alfabetização de adultos", de Sérgio Antônio da Silva Leite — nos brinda com análises esclarecedoras sobre alfabetização e letramento, pontuando ambos como indissociáveis. O autor inicialmente apresenta dados sobre o analfabetismo no Brasil, relacionando as regiões com maior gravidade e sua colocação com relação a alguns países, deixando patente a gravidade da situação, chegando a denunciar "a falta de uma política educacional para EJA". Faz ainda um apropriado esclarecimento sobre Educação Permanente e Educação ao longo da vida para melhor entender as confusões teóricas que ainda hoje persistem. O texto aborda ainda outro aspecto que incorpora suas preocupações, já apontadas no título, que é o da afetividade, tema hoje buscado pelos educadores que trabalham com EJA, para entender melhor o processo educacional do adulto. É um tema recente, na pouca produção acadêmica, razão pela qual a literatura produzida no século XX deixou uma lacuna, dificultando aos que trabalham com o adulto entender a relação educador/educando.

O texto "Educação de Jovens e Adultos: a dimensão afetiva na mediação pedagógica", de Daniela Gobbo Donadon Gazoli, trabalha a questão da afetividade buscando dimensioná-la nas práticas pedagógicas vivenciadas em sala de aula. Aqui também o texto, tanto quanto o anterior, contribui para um maior enriquecimento do professor, já que lhe permite acompanhar o trabalho educacional de uma professora de EJA selecionada para uma pesquisa desenvolvida pela autora. O presente texto tem a felicidade de abordar a temática da afetividade para o sucesso da aprendizagem em sala de aula, na mediação de um professor compromissado, competente e solidário com aqueles desejosos de estudar e aprender em uma escola em que, se motivados, transmita o verdadeiro sentido de uma instituição escolar.

O tratamento dado ao texto é de uma fluidez cuja linguagem leva o leitor a embevecer-se nas descobertas que os sujeitos da pesquisa proporcionam à pesquisadora, a qual tão bem soube tratar teoricamente seus resultados.

Esse procedimento vai levar os leitores do presente trabalho a descobertas valiosíssimas para uma boa atuação em sala de aula, uma vez que grande parte dos educadores de EJA não recebeu a formação adequada para desenvolver suas atividades educacionais com a especificidade que esses educandos necessitam.

A justeza dos comentários, as análises apropriadas e o referencial teórico de apoio fazem deste texto leitura obrigatória para tantos quantos desejam enveredar-se no estudo e conhecimento do fazer pedagógico consciente e politicamente correto.

O texto "Relação entre práticas pedagógicas e práticas de letramento em EJA", de Flávia Regina de Barros, focaliza, entre outros aspectos, a importância do trabalho docente para o sucesso do aprender a ler e a escrever. Igualmente é um texto de relato de experiência desenvolvida com educandos adultos através das atividades de observação e de entrevistas. As análises realizadas dos depoimentos dos sujeitos foram muito ricas e detalhadas, o que permitiu concluir que a forma adotada pela professora da turma auxiliou sobremaneira a que os adultos superassem seus medos e bloqueios na aprendizagem da leitura e escrita. Para tanto, as dimensões afetiva e de mediação, selecionadas pela autora, facilitaram o entendimento do leitor na função significativa que deve ter um professor que se disponha a realizar um trabalho educacional na EJA, e digo, mais especificamente, com o adulto. Portanto, um professor disponível, presente na sala de aula ou fora dela, constitui elemento marcante e motivador para fazer com que o adulto tenha prazer em ir para a escola, pois confia que alguém, na sala de aula, o está esperando para novas aprendizagens, fundamentadas nos gêneros textuais. O trabalho de Flávia permitiu visualizar essa descoberta, rica, envolvente e profundamente pedagógica.

O texto "Alfabetização de Jovens e Adultos na perspectiva do letramento: relato de uma professora pesquisadora", de Lúcia Maria de Santis Barella, trabalha igualmente as questões da afetividade, tecendo um rico quadro teórico de amparo à linha diretriz de seu raciocínio sobre a afetividade. O minucioso caminhar da autora, levando seus alunos à aprendizagem da leitura e da escrita através da escolha de gêneros textuais elencados por todos os envolvidos no processo, permite ao leitor tomar conhecimento dos passos seguidos e verificar um resultado acolhedor pelos educandos. Possibilita, ainda, aos educadores que estejam atuando na EJA, equacionar a dimensão do trabalho, encontrando dicas para realizar atividades de leitura e escrita em um processo prazeroso de descobertas. O depoimento dado pelos sujeitos da pesquisa, no segundo momento, é a prova cabal de que, efetivamente, ocorreu a aprendizagem e a questão da afetividade foi o elo que permitiu a descoberta de um professor que constrói junto, que aceita e não reprime, que estimula e não destrói e que mostra que a verdadeira motivação para o encontro do conhecimento está na caminhada que se faz junto, na descoberta com o outro, solidário e amigo.

Enfim, congratulo-me com os autores não só pela iniciativa de socializar suas preocupações como de produzir um texto rico para a educação de jovens e adultos.

Professora Dra. Sonia Giubilei

Faculdade de Educação — Unicamp

Apresentação

Um dos aspectos do trabalho acadêmico que eu aprendi a valorizar após ter ingressado na Unicamp, em 1984, está relacionado com o processo de produção de conhecimento a partir de um projeto coletivo, assumido por um grupo de pesquisadores, envolvendo professores, orientandos ou alunos. Esta é uma perspectiva que tem balizado o meu trabalho na área da pesquisa desde então, mas que, na prática, também influencia as atividades das outras áreas de atuação docente: é comum que o envolvimento com a pesquisa sobre um determinado objeto de conhecimento determine as práticas do professor relacionadas ao ensino de graduação ou pós-graduação, além das atividades de extensão. Refiro-me a esta questão porque, antes de entrar na Unicamp, atuei basicamente em universidades particulares, onde as atividades de pesquisa dependiam apenas da ação isolada do professor. Nessas instituições, não havia a possibilidade de contratação de profissionais que se dedicassem ao ensino e à pesquisa — ganhava-se apenas em função das horas de ensino, ministradas na sala de aula. Assim, pesquisava-se em função de um curso de pós-graduação, visando às dissertações de mestrado ou teses de doutorado, ou porque os profissionais já apresentavam um vínculo de compromisso com a pesquisa e com a comunidade.

A contratação em regime de dedicação exclusiva possibilita essa grande vantagem: garantir as condições mínimas para que o professor possa desenvolver uma série de outras atividades, que possibilitem o aprofundamento do processo de produção do conhecimento. Com isso, pode sair da situação de trabalho isolado e criar as condições para a formação de um grupo de pesquisadores, com um projeto de trabalho organizado, desenvolvido, avaliado e divulgado coletivamente. É o que tem sido caracterizado como grupo temático de pesquisa. É comum a existência de grupos temáticos formados por pesquisadores de diferentes instituições de ensino superior.

Na minha história de vida acadêmica, esses grupos foram formados em diferentes momentos, em torno de objetos distintos, porém relacionados; contaram com a participação de alunos da graduação do curso de Pedagogia, de alunos do programa de pós-graduação da Faculdade de Educação, mestrandos e doutorandos, além de alguns professores de outras instituições universitárias — geralmente ex-doutorandos de nossos grupos. Todos vinculados ao grupo de pesquisa ALLE — Alfabetização, Leitura e Escrita — da Faculdade de Educação.

A organização e funcionamento desses grupos implicam um processo trabalhoso. É comum as atividades serem iniciadas com a formação de um pequeno grupo, formado por alunos convidados ou aprovados no programa de pós-graduação. Segue-se um período de estudos visando ao aprofundamento teórico, simultaneamente à discussão de possíveis projetos de pesquisa a serem desenvolvidos sobre o tema. Durante o desenvolvimento das pesquisas, o grupo continua reunindo-se, geralmente, numa frequência quinzenal, com leitura e discussão de textos, além dos respectivos projetos de pesquisa em andamento. Apesar disso, também são necessários encontros específicos entre o aluno pesquisador e o orientador, quando se discutem especificidades da pesquisa em andamento. É comum, nesse processo, a entrada de novos membros, sejam alunos da graduação ou da pós-graduação. Mas o que norteia o trabalho de todos é a perspectiva da pesquisa que cada membro vai desenvolver, a partir das contribuições grupais.

Nesse período, após ingressar na Unicamp, tive a oportunidade de vivenciar dois importantes períodos com grupos temáticos de pesquisa. O primeiro funcionou durante o segundo lustro dos anos 1990 e centrou o trabalho em torno dos conceitos de Letramento e Alfabetização. Havia orientandos de doutorado, mestrado e de iniciação científica, que estudaram inúmeros aspectos relacionados ao tema.

Uma síntese desses trabalhos pode ser encontrada no livro, por mim organizado, intitulado *Alfabetização e letramento*, lançado em 2001 pela Editora Komedi, de Campinas.

O segundo grupo teve seu funcionamento a partir de 2000 e se formou como uma extensão do grupo anterior, em torno do tema da Afetividade. Esse novo direcionamento ocorreu em função de vários projetos que foram propostos, visando ao estudo do processo de constituição do sujeito como leitor autônomo. Essas preocupações promoveram, inicialmente, um movimento de busca e fundamentação teórica sobre o assunto, o que possibilitou aos membros do grupo um novo mergulho na abordagem histórico-cultural, já assumida anteriormente, além do encontro com Henry Wallon, em função da sua teoria de desenvolvimento, que apresenta inúmeras aproximações com a abordagem vygotskyana. O grupo que se formou nesse período, mantido através de reuniões quinzenais, ficou conhecido como Grupo do Afeto. O produto desses trabalhos pode ser encontrado em uma nova obra, organizada também por mim, lançada pela Editora Casa do Psicólogo, de São Paulo, em 2006, intitulada *Afetividade e práticas pedagógicas*.

Deve-se esclarecer que a escolha da divulgação dos trabalhos através de livros não foi casual, mas consensual e coletivamente assumida. A questão, que se colocara por ocasião da elaboração do primeiro livro, referia-se a como atingir os educadores nas redes de ensino, ou seja, como possibilitar que os educadores tenham acesso ao conhecimento produzido pelo grupo. Dificilmente esses profissionais leriam nossas teses, dissertações e relatórios de pesquisa, depositados na biblioteca da Faculdade de Educação. Assim, optou-se pelo livro, com a ressalva de que, nos contatos que realizaríamos com educadores, em encontros, cursos e conferências, o material seria comercializado praticamente a preço de custo.

Agora, tenho o grande prazer de apresentar o terceiro livro, fruto dessa experiência acumulada, centrado na questão da Educação de Jovens e Adultos, especificamente nas temáticas da Afetividade e do Letramento relacionadas com esse nível de ensino. Trata-se de textos baseados em projetos de pesquisa, desenvolvidos por três jovens e competentes pesquisadoras, que eu tive o enorme orgulho de orientar. O encaminhamento do processo de elaboração desta obra foi muito semelhante ao das duas anteriores: as autoras eram orientandas que já vinham participando do Grupo do Afeto, mas que direcionaram seus projetos para a EJA — Educação de Jovens e Adultos — basicamente por já apresentarem algum envolvimento com a educação de adultos, especificamente a alfabetização de adultos.

Penso ser desnecessário defender a relevância desta instância educacional, que ainda exige e espera uma completa regulamentação jurídico-educacional, embora se reconheça que houve grandes avanços, conceituais e pedagógicos, sobre o tema. Neste sentido, não posso deixar de citar uma experiência vivenciada que ilustra muito bem o descaso histórico com que a EJA foi tratada, durante muitos anos, aqui no Brasil. Durante 1989, participei como membro da Comissão Nacional do Ano Internacional da Alfabetização, juntamente com ilustres colegas educadores, entre eles o saudoso professor Paulo Freire. Em uma das reuniões da referida comissão, em Brasília, fomos convocados para uma conversa com o ministro da Educação. Nesse encontro, o ministro, perguntado sobre as políticas na área da Alfabetização de Adultos, respondeu que esta não era prioridade do governo federal, mesmo porque, com o tempo, essa população desapareceria, por motivos naturais... O espanto dos membros da comissão foi geral, sendo que as tentativas de argumentação mostraram-se inúteis. Percebe-se, portanto, por que foi necessário ainda um longo período de tempo e muita atuação política dos setores progressistas para que essas falsas e injustas concepções fossem superadas por ideias mais democráticas sobre a EJA.

Nos textos que se seguem, o leitor encontrará descrições de práticas pedagógicas, desenvolvidas em turmas de EJA, por experientes docentes que tiveram seu trabalho marcado pelo sucesso. São docentes que desenvolveram suas práticas de forma a possibilitar que os alunos, jovens e adultos, se constituíssem como leitores e produtores de textos, com condições de ampliar suas formas de participação social como cidadãos conscientes. São descrições, portanto, de práticas pedagógicas que possibilitaram o aprimoramento do exercício da cidadania, pelos alunos envolvidos.

Tais pesquisas focaram essas situações através dos conceitos letramento e afetividade, cujas bases teóricas são apresentadas no primeiro capítulo. O primeiro conceito envolve a problemática do envolvimento dos alunos com as práticas sociais de leitura e escrita: não basta o domínio do código; é necessário envolver os alunos com as funções sociais desse código. Dois textos abordam as práticas pedagógicas que tinham esses objetivos: são os trabalhos de Flávia Regina de Barros e de Lúcia Maria de Santis Barella, sendo que esta atuou como professora e pesquisadora simultaneamente. O conceito de afetividade, por sua vez, foi abordado por Daniela Gobbo Donandon Gazoli, a partir do referencial teórico desenvolvido anteriormente pelo Grupo do Afeto. Este projeto possibilitou identificar, claramente, nas práticas desenvolvidas pela professora, todas as nuances e características que, provavelmente, possibilitaram contínuos impactos afetivos no processo de constituição da subjetividade de cada aluno em sala de aula. Tais práticas devem ter promovido um movimento positivo de aproximação entre os sujeitos e as práticas sociais de leitura e escrita — sabemos que este movimento é de natureza marcadamente afetiva.

Assim, a presente obra constitui-se como leitura obrigatória para todos os educadores, em especial aos que atuam com alunos jovens e adultos, além de ser necessária aos estudantes em processo de formação, nos cursos de Pedagogia e áreas afins. Mais do que um relato de experiências, no entanto, esta obra é fruto do esforço individual de cada autor e da vontade política coletiva desse pequeno grupo, sem a qual não se concretizaria. Assim, esses textos revelam o compromisso que os autores mantêm com a pesquisa, com o processo de formação dos educadores e com a luta por um sistema educacional mais democrático e competente para toda a população brasileira.

Sérgio Antônio da Silva Leite

Unicamp, agosto de 2012

Afetividade e letramento na alfabetização de adultos

*Sérgio Antônio da Silva Leite**

Tu me ensinas, eu lembro.
Tu me dizes, eu esqueço.
Tu me envolves, eu aprendo.

BENJAMIN FRANKLIN

Quando se analisam os dados históricos sobre a realidade socioeconômica no Brasil, observa-se que uma das características que marcam esse processo é a exclusão de uma imensa parcela da população. Segundo pesquisa do Datafolha,[1] 28% dos brasileiros são caracterizados como excluídos, ou seja, pertencentes à faixa socioeconômica mais baixa. Considerando-se ainda que 18% situam-se na classe média-baixa, imediatamente superior à anterior, pode-se afirmar que quase metade da população — 46% — sofre, em alguma dimensão, o processo de exclusão. Por exemplo, essas duas faixas da população estão, praticamente, ausentes dos índices de conclusão dos ensinos médio e superior.

* Doutor em Psicologia. Professor no Departamento de Psicologia Educacional da Faculdade de Educação da Unicamp.

1. *Folha de S.Paulo*, edição de 22 de janeiro de 2012.

Focando a realidade educacional, o quadro não é diferente. Embora os dados mostrem que tem havido, historicamente, uma evolução positiva, segundo o PNAD[2] de 2010, o índice de analfabetismo na população de 15 anos ou mais é de 9,7%, o que corresponde a cerca de 14 milhões de cidadãos (em 2004, este índice era de 11,5%). Tal redução foi considerada, pelo próprio IBGE, como leve. Além disso, tais índices apresentam uma distribuição desigual: 29% na população mais pobre, 18,7% no Nordeste (contra 7% na região Sul), 28,7% no meio rural (contra 9,5% no meio urbano) e 34% na população com 60 anos ou mais (contra 7,4% na população de 10 a 19 anos).

Por outro lado, situando-se os índices de analfabetismo funcional — segundo critérios do IBGE, envolvendo os cidadãos com ao menos quatro anos de escolaridade — temos um quadro assustador: cerca de 20,3% da população situa-se no nível do analfabetismo funcional, o que corresponde a 36,2 milhões de brasileiros. Tais índices, obviamente, também apresentam uma distribuição desigual, considerando-se, principalmente, os fatores escolaridade, raça, idade, sexo e distribuição geográfica (30,8% no Nordeste contra 15% na região Sudeste).

Por iniciativa de duas organizações não governamentais brasileiras — o Instituto Paulo Montenegro, ligado ao IBOPE (Instituto Brasileiro e Opinião Pública e Estatística) e a Ação Educativa — foi elaborado o INAF — Indicador Nacional de Alfabetismo Funcional (Ribeiro, 2003), que avalia os índices de alfabetismo[3] da população adulta no Brasil. O INAF coleta dados em todas as regiões do país, através de entrevistas domiciliares anuais, aplicando testes e questionários que avaliam as práticas e habilidades de leitura, escrita e matemática, na população de 15 a 64 anos. Os dados são organizados em três categorias de letramento ou alfabetismo: alfabetizado rudimentar — indivíduo capaz de localizar informação simples em um enunciado muito curto; alfabetizado básico — quem consegue localizar uma informação explícita em textos curtos ou médios; alfabetizado pleno —

2. IBGE-PNAD: Programa Nacional de Amostragem Domiciliar.

3. No presente texto, alfabetismo e letramento são utilizados como sinônimos.

indivíduo que localiza mais de uma informação em textos mais longos, sendo capaz de comparar diferentes textos, localizar informações implícitas, estabelecer relações etc. Segundo dados do INAF de 2005, 7% das pessoas estavam na condição de analfabeto, 30% no nível de alfabetismo rudimentar, 38% no alfabetismo básico e 26% no alfabetismo pleno. Na área da matemática esses índices são, respectivamente, 2%, 29%, 46% e 23%. Os dados também demonstram que o aumento de escolaridade é o principal fator relacionado com o aumento nos índices de alfabetismo. Porém, questiona o critério de quatro anos de escolaridade como garantia de alfabetismo funcional, devido à enorme disparidade, quantitativa e qualitativa, existente na oferta de educação básica (Ribeiro, 2007).

Portanto, este conjunto de dados apresentados mostra que são imensos os desafios que se colocam, em especial, quanto aos índices de alfabetismo. Embora os números oficiais demonstrem que o analfabetismo vem caindo, deve-se relembrar que, no Brasil, esses índices ainda são muito elevados, comparando-se com os de outros países da América Latina. Por exemplo, o Chile apresenta 4,3% de analfabetos, o Uruguai tem 4%, enquanto que a Argentina apresenta 2,8%; dentre todos os países latino-americanos, perdemos somente para a Guatemala e para o Haiti, respectivamente com 31% e 42% de analfabetos.

Embora se observe uma lenta diminuição nesses índices, podemos afirmar, a partir dos dados oficiais, que no Brasil existe um processo de persistência do analfabetismo e, em especial, dos índices de analfabetismo funcional. Deve-se relembrar que os critérios utilizados pelo IBGE para considerar o indivíduo alfabetizado — ler e escrever bilhetes simples — e para o analfabeto funcional — ao menos quatro anos de escolarização — são extremamente frágeis em função das demandas de uma sociedade marcadamente grafocêntrica, como a nossa. Além disso, está se falando de um problema social que apresenta uma distribuição muito desigual: o analfabetismo é maior nas zonas rurais, nas regiões Norte e Nordeste, entre as mulheres, e crescentemente acentuado à medida que se considerem os níveis etários, com altíssimos índices na faixa dos 50 anos ou mais.

É este último aspecto que mais interessa focalizar no presente trabalho, uma vez que os textos apresentados nesta obra relacionam-se com o processo de alfabetização de jovens e adultos.

Algumas considerações sobre a EJA

Sempre tive meu sonho de apender a ler.
Agora posso viver este sonho...

SUJEITO DE PESQUISA/EJA

Embora não se pretenda, neste texto, realizar uma análise histórica sobre as políticas de alfabetização de adultos, algumas poucas considerações iniciais necessitam ser apresentadas:

a) Segundo Freitag (1977), a política educacional pós-64 previu, pelo menos, duas propostas relacionadas com a questão da alfabetização de adultos: criou o ensino supletivo, previsto na lei da reforma do ensino de 1º e 2º graus, de 1971, com o objetivo básico de suprir a escolarização regular para os adolescentes e adultos que não tinham conseguido concluir na idade própria; criou a Fundação Mobral, em 1969, como entidade mantenedora do programa de alfabetização, utilizando a técnica de alfabetização de Paulo Freire, mas de acordo com a ideologia do governo militar. Na prática, o ensino supletivo foi assumido pelo setor privado, período em que proliferaram os cursinhos particulares, geralmente de baixa qualidade, reservando-se ao Estado a realização dos exames de madureza, que, efetivamente, não garantiam a qualidade da formação do aluno. O Mobral, por sua vez, continuou sob o controle do MEC, caracterizando-se muito mais como um instrumento de controle ideológico do Estado do que de formação do cidadão para o exercício de sua cidadania. Na realidade, toda a política desenvolvida pelo governo militar visava ao treinamento das classes subalternas para o mercado de trabalho, buscando atender as demandas crescentes do capital, através do instrumental básico considerado necessário: leitura, escrita e aritmética.

b) A partir dos anos 1970, a questão da educação de adultos continuou sendo discutida nos fóruns internacionais, sendo observadas diferentes concepções teóricas sobre o tema, dentre as quais duas merecem destaque. A primeira centrava-se na ideia da Educação Permanente, baseada na teoria do capital humano, segunda a qual o desenvolvimento dos países capitalistas avançados dependia, além dos investimentos do capital e do trabalho, da qualidade e preparo da mão de obra qualificada; ou seja, era uma proposta que visava à constituição de políticas educacionais na educação de adultos direcionadas para o atendimento das demandas da produção, isto é, para os interesses do capital. Mais recentemente, surge o conceito de Educação Continuada, que caracterizava a educação como direito humano, através de políticas desenvolvidas pelo Estado que garantissem processos educativos constantes. A Unesco, desde 1960, caracterizou-se como a instância que abrigou e incentivou a discussão internacional relacionada com a questão ao longo da vida. Neste sentido, realizaram-se inúmeras conferências internacionais, dentre as quais destaca-se a Conferência Mundial de Educação para Todos, em Jomtien, Tailândia, em 1990, em que são definidas e consensuadas as bases das políticas educacionais visando à educação para todos, das quais o Brasil foi um dos signatários. Entretanto, esses conceitos foram traduzidos de forma desvirtuada e empobrecida em inúmeros países em desenvolvimento, gerando, na realidade, o que se conhece como propostas neoliberais na Educação.

c) Atualmente, as ideias defendidas por grande parte dos teóricos e educadores, que atuam com adultos, centram-se na concepção de Educação Continuada, através da aprendizagem ao longo da vida — ALV. Este conceito caracteriza-se como uma filosofia, um marco conceitual e um princípio organizador de todas as formas de educação, sendo entendido como um pressuposto para a resolução e enfrentamento dos desafios globais. Portanto, as propostas atuais, consideradas progressistas, reconhecem que o homem é um ser inacabado, devendo estar sempre em processo de formação, ou seja, deve aprender e educar-se, durante toda a vida, visando aos direitos humanos, em favor de uma sociedade solidária e sustentável, o que significa que as políticas educacionais devem prever campos e espaços de educação para além da perspectiva escolar, sempre envolvendo novos temas, novos problemas e novos sujeitos. Haddad (2007) ainda lembra que a educação continuada deve ser construída através do diálogo entre educador e educando, deve ser crítica com relação aos conteúdos, reveladora da realidade, abordar temas universais e nacionais, mas relacionados com a cultura regional; enfim, deve ser uma educação voltada para a prática, sem desconsiderar os aspectos teóricos. Em síntese, esses seriam os princípios da educação ao longo da vida, que deveriam caracterizar a EJA — Educação de Jovens Adultos —, nos diversos países. Diferentemente do conceito de Educação Permanente, que visava apenas à formação profissional, a nova proposta para a EJA inspira-se, portanto, na ideia de Educação Continuada, concebida como formação para a vida e para o desenvolvimento humano, no seu sentido mais amplo.

d) Assim, no campo internacional, a EJA tornou-se uma instância de ensino complexa e diversificada. Entretanto, no Brasil, ela ainda é marcada pelo estigma do analfabetismo e pela história do fracasso e da exclusão escolar, sendo entendida como direito assegurado a todos que não tiveram oportunidade de frequentar e concluir seus estudos na idade apropriada — assim, é dever do Estado elaborar tal política, ou seja, apesar de o país ter participado das discussões sobre o novo conceito de Educação Continuada, na prática a política de EJA no Brasil é direcionada, basicamente, para atender as demandas que se constituem como subprodutos de uma escola excludente, marcada pelo fracasso de milhões da brasileiros. Deve-se, ainda, destacar que, neste século, o jovem passou a integrar essa agenda, o que significa uma ênfase na formação do jovem trabalhador, ou seja, observa-se um processo de juvenilização da EJA, voltado para a empregabilidade — tendência também observada em outros países da América Latina.

e) Entretanto, apesar de todo o avanço das ideias na esfera internacional, com claras repercussões no Brasil, não temos ainda uma política educacional efetiva para a área da EJA. Como exemplo, podemos citar que a Constituição de 1988 não previu recursos para o setor, priorizando apenas o ensino regular. Idem com relação ao Fundef, de 1996. Somente em 2007, com o Fundeb (Lei n. 11.494), a EJA entra na agenda de um possível financiamento, por parte do Estado, com previsão de, no máximo, 15% dos recursos para o setor, prevendo-se, no entanto, uma participação crescente. No mesmo sentido, a ausência de uma política, em nosso país, para a área da EJA, tem como reflexo a ausência de diretrizes para o ensino superior, visando à formação de docentes que atendam as especificidades da educação de jovens e adultos. Este é um dos possíveis fatores determinantes dos altos índices de evasão nas classes de EJA, onde frequentemente existem docentes desenvolvendo práticas pedagógicas inicialmente direcionadas para a alfabetização de crianças. Portanto, há inúmeros desafios para a elaboração e implantação de uma política de EJA no Brasil, muitos já bastante conhecidos e discutidos, mas, certamente, também há desafios de natureza pedagógica — tema central desta presente obra.

Minha aproximação com a Educação de Adultos

> *A gente passa dificuldade, acorda cedo, vai trabalhar, chega tarde, cansado, mas o que eu puder fazer para ler e estudar eu faço...*
>
> SUJEITO DE PESQUISA/EJA

Antes de avançar para as questões centrais que pretendo analisar neste texto — os conceitos letramento e afetividade na alfabetização de adultos — julgo importante situar o meu processo de aproximação com esta relevante e motivadora área.

Revendo minha história de vida, posso afirmar que o início do meu processo de constituição como professor se deu de forma estreitamente vinculada com a educação de adultos, na qual atuei como professor de língua portuguesa para alunos de um antigo curso de madureza, em Campinas, durante o período de 1967 a 1971. Simultaneamente, era aluno do curso de Psicologia da PUCC.

Pressionado pela necessidade de trabalho, vivendo num período de início do regime militar e tendo desenvolvido uma militância na política estudantil secundária até 1964, a oportunidade da docência surgiu de forma inesperada, mas como uma alternativa plenamente viável, pois vinha de um colégio de excelente qualidade, apesar de ser escola pública: era ex-aluno do velho Colégio Estadual Culto à Ciência, de Campinas.

No caso específico, vários ex-militantes do movimento estudantil foram trabalhar no referido cursinho. Isso possibilitou um clima profissional sério na escola, através de um corpo docente que foi se assumindo de forma comprometida com a formação daqueles alunos, trabalhadores e jovens, que haviam sido excluídos da escola, mas que buscavam o resgate de sua formação. Foi o período em que a política educacional criou o ensino supletivo, sendo que o Estado fornecia a certificação dos alunos, mediante a realização dos exames de madureza. A formação era oferecida por cursos privados, nem sempre de boa qualidade.

O fato de estar cursando Psicologia, em que estudava questões relacionadas com aprendizagem e motivação humanas, certamente me possibilitou condições para que a minha prática pedagógica pudesse ser construída a partir de alguns princípios teóricos que nortearam minhas decisões e, principalmente, o processo de relação interpessoal que mantinha com meus alunos. Lembro-me de algumas diretrizes que permearam as discussões com os demais professores da escola: organização dos conteúdos numa sequência lógica e de dificuldade crescente; dosagem da quantidade de conteúdos em cada etapa do ensino; uso de exemplos da vida prática com temas socialmente relevantes; possibilitar e incentivar a participação dos alunos em sala de aula; planejamento de atividades motivadoras; avaliação constante com caráter diagnóstico (não havia notas no cursinho, o que facilitou essa diretriz); além do preparo emocional dos alunos para a situação de exame.

Foi um rico período, em termos de aprendizagem pessoal, que marcou o direcionamento das minhas futuras escolhas profissionais: terminei a faculdade com a decisão de ser professor, função que venho desenvolvendo nas últimas quatro décadas e que me proporcionou grande realização.

A partir de 1972, como professor universitário e como aluno do curso de pós-graduação na USP, envolvi-me com o tema da alfabetização escolar, que foi objeto central de pesquisa durante esse período e inspirou a minha tese de doutoramento, defendida em 1980. O trabalho foi baseado na experiência do Proleste — Projeto de Alfabetização da Zona Leste — desenvolvido sob minha coordenação junto à Divisão Regional de Ensino de Mogi das Cruzes, até 1982 (Leite, 1988).

Posteriormente, na Unicamp, a parir de 1984, sempre atuei ativamente no curso de Pedagogia, não só, mas também, com o tema da alfabetização. Nos anos 1990, tive a oportunidade de orientar grupos de estágio e alunos de Iniciação Científica. Vários deles desenvolveram trabalhos nas classes de alfabetização de adultos, vinculadas à Fumec — Fundação Municipal para Educação Comunitária de Campinas. Algumas dessas classes funcionavam no *campus* da universidade e visavam à formação dos funcionários que não haviam completado sua escolaridade.

Esses trabalhos possibilitaram-me conhecer melhor as questões teóricas da área e, principalmente, a realidade concreta das salas de aula de alfabetização de jovens e adultos, além de ter contato com professores da EJA, na Faculdade de Educação da Unicamp, considerados referências na área.

A partir de então, e em especial na última década, sempre tive alguma orientanda desenvolvendo pesquisa na área, fosse de mestrado ou de iniciação científica. As brilhantes autoras que me acompanham neste livro são exemplos desse processo: desenvolveram seus projetos de pesquisa à luz do referencial psicológico e pedagógico, produzindo um conhecimento de extrema relevância sobre as questões da afetividade e do letramento nas salas de educação de adultos.

Uma característica dessas pesquisas, assumida como diretriz do meu trabalho de orientação, foi que sempre escolhemos pesquisar em salas de aula onde atuam docentes consideradas de grande experiência e competência na área, reconhecidas pelos colegas de trabalho como profissionais que se destacavam em suas práticas pedagógicas. Isto porque entendemos que esta estratégia pode ser uma forma efetiva de contribuir propositivamente com o acúmulo de conhecimento na área. Ou seja, durante décadas, as pesquisas, de forma compreensível, focaram a questão dos determinantes do fracasso escolar, analisando situações que produzem a exclusão. Assim, a partir de 1990, resolvemos enfatizar pesquisas envolvendo as experiências de sala de aula que produzem inclusão. É o que tentamos resgatar nesses trabalhos recentes, dos quais alguns relevantes exemplos são descritos nos capítulos seguintes deste livro.

Atualmente, o conhecimento produzido permite-nos identificar vários conceitos relevantes relacionados com a área da Educação de Jovens e Adultos. Elegemos dois que nos parecem absolutamente fundamentais no processo de alfabetização dessa população: o letramento e a afetividade — temas centrais do presente livro e objetos de consideração, na sequência.

A superação do modelo cartilhesco de alfabetização

Antes eu morria de medo de escrever carta. Agora eu mando para os meus parentes, lá no Nordeste. Estou escrevendo melhor...

SUJEITO DE PESQUISA/EJA

Tenho discutido a ideia de que, até 1960, predominou hegemonicamente em nosso meio educacional o modelo tradicional de alfabetização, cujos ícones correspondem às tradicionais cartilhas. Este modelo é caracterizado por uma concepção segundo a qual a escrita é entendida como um simples código de representação da linguagem oral, ou seja, a escrita configura-se como um código que representa os sons emitidos na fala. Neste sentido, ler e escrever eram entendidos como atos de codificação (escrita) e decodificação (leitura), sendo que o principal objetivo do professor alfabetizador era possibilitar às crianças a aprendizagem das marcas/códigos que representam cada som emitido.

Este modelo sobreviveu durante décadas, de um lado, devido às características das demandas sociais prevalecentes em nossa sociedade: para a grande massa da população — os setores mais pobres — pouco era exigido além da escrita do próprio nome, enquanto as classes mais ricas sempre tiveram acesso aos bens culturais, em especial à escrita, seja nos lares, seja nas escolas. Deve-se relembrar que, nos anos 1950, metade da população era analfabeta por nunca ter frequentado uma escola.

Entretanto, este modelo também prevaleceu, por outro lado, devido a uma série de ideias dominantes no pensamento pedagógico durante o período em questão, que tiveram enorme influência nas práticas pedagógicas desenvolvidas pelos docentes em todos os níveis, inclusive na alfabetização de adultos: a) se a escrita é representação de sons, então a essência do processo de alfabetização é o domínio do código; b) como consequência, o grande desafio era que o aluno dominasse plenamente o uso do código, sendo que o erro — escrita incorreta — era motivo para reprovar o aluno no final da primeira série;[4] c) não se estranha, portanto, que as práticas desenvolvidas em sala de aula fossem marcadas por atividades visando à memorização do código escrito — como a cópia, principal atividade presente nas tradicionais cartilhas; d) mas, talvez a mais influente concepção teórica subjacente ao modelo tradicional era o conceito de prontidão para a alfabetização (Poppovic, 1968): haveria um momento ideal para alfabetizar a criança, determinado,

4. Antes da implantação do Ciclo Básico, em diferentes estados brasileiros, esta série foi um dos principais gargalos determinantes do fracasso escolar, medido pelos índices de repetência e evasão.

de um lado, pelo processo de maturação biológica e, de outro, pelas habilidades aprendidas na sua relação com o ambiente, em especial a família. A maturação biológica seria a responsável pelo desenvolvimento dos chamados pré-requisitos, que corresponderiam a uma série de habilidades sensoriais — discriminação auditiva, visual, análise e síntese etc. — sendo a mais relevante, e talvez a mais treinada em sala de aula, a motricidade óculo-manual. Neste sentido, inúmeros testes foram criados, visando analisar os famosos pré-requisitos para a alfabetização, sendo esses os conteúdos eleitos, por excelência, para serem desenvolvidos durante a pré-escola.

Uma das consequências do domínio do conceito de prontidão no pensamento pedagógico tradicional foi que os pré-requisitos, ou a falta deles, eram frequentemente apontados como responsáveis por possíveis dificuldades de aprendizagem que as crianças, eventualmente, viessem a apresentar, durante o período de alfabetização na primeira série. Ou seja, os chamados problemas de aprendizagem eram explicados através de determinantes ou fatores intrínsecos aos alunos, o que, a princípio, desconsiderava as condições de ensino que eram oferecidas em sala de aula.

Obviamente, hoje temos clareza de que as habilidades sensoriais são importantes, mas são exercitadas continuamente durante as atividades de escrita, não mais podendo ser consideradas como pré-requisitos para a alfabetização. Assim, não se nega a importância da motricidade manual fina para a escrita, mas se reconhece que esta habilidade é desenvolvida na medida em que o aluno exerce o ato de escrever. Além disso, a alfabetização, entendida como processo de apropriação da escrita enquanto sistema simbólico, parece depender muito mais do desenvolvimento adequado da função simbólica, representado pelos gestos e signos visuais, as brincadeiras de faz-de-conta, o desenho e, obviamente, a própria linguagem falada, como nos ensina Vygotsky (1998).

Enfim, o conjunto de ideias dominantes no pensamento pedagógico, durante a primeira metade do século XX, produziu crenças e práticas educacionais até hoje observadas em vários setores. Entre elas citam-se a ideia de que a prontidão deve ser desenvolvida na pré-escola e a crença de que, na alfabetização, deve-se primeiro garantir que o aluno domine o código da escrita e, posteriormente, aprenda a utilizá-lo nas situações sociais. Isto, evidentemente, raramente acontecia, pois na sequência da escolarização havia ênfase nas práticas centradas na gramática normativa e não nos usos funcionais da escrita.

Atualmente, são bastante conhecidas as críticas ao modelo tradicional de alfabetização. Nos meados do século XX, começam a ocorrer marcadas mudanças no sistema capitalista, o qual foi abalado por uma profunda crise de produção, no final dos anos 1960, agravada pela crise do petróleo. Tal crise apontou para um novo período da produção capitalista, conforme ocorreu nas décadas seguintes, centrado no desenvolvimento tecnológico e no aprimoramento da mão de obra dos trabalhadores, que deveria ser mais bem qualificada para sustentar as novas modernas formas de produção. Foi nesta perspectiva que a escola foi colocada em cheque, incluindo o velho modelo de alfabetização: este garantia apenas o domínio do código, mas não o uso funcional da escrita, que agora passava a ser exigido, dadas as novas condições do mercado de trabalho.

Portanto, as críticas aos modelos cartilhescos de alfabetização não foram, inicialmente, de natureza pedagógica, mas, sim, motivadas por questões de natureza econômica e política. Na sequência, surgiram pesquisas, como a de Ferreiro e Teberosky (1986), que promoveram uma ampla revisão nas práticas tradicionais. Da mesma forma, entende-se o fato de que foram os países economicamente desenvolvidos que denunciaram a figura do analfabeto funcional — aquele cidadão que frequentou regularmente o ensino básico, mas não desenvolveu as habilidades necessárias para a leitura e a escrita funcionais; consequentemente, não se envolve com as práticas sociais de escrita mais exigentes e complexas.

Além desses fatores políticos e econômicos, adiciona-se o fato de que, em quase todos os países ocidentais, ocorreu um intenso processo de grafocentrização, ou seja, a escrita tornou-se, em poucas décadas, um instrumento muito presente nas relações sociais e culturais, exigindo de todos os setores sociais uma melhor qualificação no que diz respeito a seus usos funcionais: essa passou a ser uma condição bastante facilitadora para o processo de inserção social do indivíduo e, consequentemente, para o exercício pleno da cidadania.

Assim, a partir de 1980, surgem, em nosso meio, vários autores discutindo e propondo novas alternativas para o processo de alfabetização, tentando atender à complexidade das novas condições sociais e econômicas (Soares, 1985; Kramer, 1986; Smolka, 1988; Leite, 1988; Braggio, 1992).

É possível identificar nas ideias desses autores que o principal contraste com o modelo tradicional refere-se a uma nova concepção de escrita, ou seja, agora a escrita passa a ser entendida como um sistema simbólico de natureza histórica e social, cuja essência reside no significado subjacente ao código. Assim, reconhece-se que a "palavra é relevante pelo seu significado, o qual é compartilhado pelos membros de uma sociedade. Isso não implica, porém, que o código deixe de ser considerado, pois é por meio dele que o significado é simbolizado" (Leite, 2011, p. 21).

Deve-se destacar que essas grandes alterações relacionadas com a concepção de escrita foram, simultaneamente, acompanhadas por profundas mudanças no pensamento pedagógico vigente, com notáveis consequências para as práticas de sala de aula. Uma primeira questão refere-se ao próprio conceito do processo de ensino-aprendizagem: se o modelo tradicional centrava-se na ideia de transmissão de conhecimento, agora entende-se que o processo de produção de conhecimento ocorre através da relação que se estabelece entre o sujeito e o referido objeto; ou seja, situando a sala de aula como exemplo, o aluno apropria-se do conhecimento sobre a escrita à medida que vivencia experiências concretas com a escrita. Entretanto, também se reconhece que a relação entre sujeito e objeto é sempre mediada por algum agente social; na sala de aula, o principal agente mediador entre aluno e os objetos de conhecimento/conteúdos escolares, sem dúvida, é o professor, profissional que concretamente planeja as condições dessas mediações. Com isso, passa-se a reconhecer que a qualidade da mediação é um dos principais fatores determinantes da aprendizagem do aluno, contrastando com as concepções teóricas do modelo tradicional que buscavam, prioritariamente, no interior do aluno, os determinantes, por exemplo, das chamadas dificuldades de aprendizagem.

Outra concepção que também acompanha as mudanças dos paradigmas de alfabetização relaciona-se com o papel do sujeito, no caso, o sujeito que aprende. Se o modelo tradicional entendia o sujeito como um ser passivo, agora o sujeito passa a ser visto como um ser ativo, ou seja, em toda experiência de aprendizagem — que envolve, pois, relação com um objeto — o sujeito é ativo no sentido de que elabora ideias sobre o referido objeto, sendo que estas determinam a maneira como o sujeito lida com o respectivo objeto. Na situação de sala de aula, significa que, no contato com a escrita, o aluno elabora ideias e hipóteses sobre esse objeto; tais hipóteses vão se aprimorando à medida que novas experiências são vivenciadas — lembrando que o professor é o responsável pelo planejamento das situações concretas de mediação que ocorrem em sala de aula. Essas concepções abrem a possibilidade para a pesquisa educacional identificar as características da mediação pedagógica que facilitam, ou dificultam, o processo adequado de elaboração de hipóteses sobre os conteúdos escolares, por parte dos alunos.

Ainda com relação às concepções que acompanham as novas ideias sobre alfabetização, destaca-se uma com claras implicações pedagógicas: se a escrita é definida pelo seu caráter simbólico, então é necessário que os alunos entrem em contato com a escrita real, presente no ambiente social; ou seja, a escrita a ser apresentada aos alunos, crianças ou adultos, não pode ser falsa, existindo apenas no interior da escola, como aquela apresentada pelas cartilhas — sem a possibilidade de construção de significados por parte do leitor. Nesse sentido, o texto passa a ser visto como o principal instrumento no processo de alfabetização, ponto de partida e de chegada de todo o processo. Agora, o grande objetivo da escola passa a ser a formação dos alunos como competentes leitores e produtores de textos.

Em síntese, pode-se afirmar que a nova concepção de escrita, subjacente às atuais propostas de alfabetização, é acompanhada por um conjunto de novas concepções teóricas, as quais tiveram grandes contribuições das áreas da Linguística e da Psicologia. Dentre tais contribuições, destaco: o conhecimento é construído a partir da relação que se estabelece entre o sujeito e objeto. Nessa relação, o sujeito tem um papel ativo; o papel da mediação pedagógica desenvolvido pelo professor é fundamental para o processo de apropriação do conhecimento pelo aluno; o reconhecimento da importância da dimensão dialógica no processo de alfabetização escolar; além da própria concepção da escrita como um sistema simbólico.

A questão do letramento no processo de alfabetização

> *A leitura é importante para tudo... Você só consegue emprego bom se tiver estudo... pra viajar é preciso estudo...*
>
> Sujeito de pesquisa/EJA

O termo letramento surgiu, em nosso meio, na segunda metade dos anos 1980, no período em que se questionava duramente o chamado modelo tradicional de alfabetização e avançava-se na direção da compreensão da escrita como um sistema simbólico. Historicamente, o termos *literacy* origina-se na década de 1930, nos Estados Unidos, quando os soldados eram avaliados com relação à compreensão das mensagens escritas recebidas e transmitidas (Pelandré, 2001). Mais tarde, passa a significar a capacidade de compreender e utilizar a leitura e a escrita na vida cotidiana.

No Brasil, o termo foi utilizado primeiramente por Mary Kato, em 1986, no livro *No mundo da escrita: uma perspectiva psicolinguística*,[5] no qual a autora situa a língua falada culta como consequência do letramento. Em 1988, Leda Tfouni, no livro intitulado *Adultos não alfa-*

5. Editora Ática.

betizados: o avesso do avesso,[6] faz, talvez, a primeira distinção entre alfabetização e letramento (Soares, 1998).

É possível que as críticas que se faziam, naquele momento, ao modelo tradicional de alfabetização tenham criado as condições para a rápida aceitação do conceito, em nosso meio acadêmico educacional. Certamente, o esforço para resgatar o caráter simbólico da escrita — aspecto que passou a ser visto como sua dimensão essencial — fortaleceu a interpretação de que a função da escrita "se concretiza por seus usos sociais, ou seja, o que dá sentido à alfabetização é a possibilidade de os indivíduos envolverem-se com práticas sociais por meio da escrita, reconhecendo que o mero domínio do código não garante o envolvimento com essas práticas" (Leite, 2011, p. 29).

Portanto, o conceito de letramento — que em nosso meio tem sido apontado como norteador do processo de alfabetização — refere-se aos usos sociais da escrita, o que implica o envolvimento dos indivíduos com as práticas sociais de leitura e escrita. Assim, não basta possibilitar aos alunos se apropriarem do código; é necessário envolvê-los com as práticas sociais de leitura e escrita, o que, gradualmente, vem sendo assumido como um objetivo educacional para todos os níveis da escola. Isso inclui, obviamente, o domínio de toda a tecnologia da escrita (incluindo códigos e convenções), mas vai muito além: supõe o desenvolvimento das habilidades de ler e escrever os diversos gêneros textuais em função das diferentes condições, objetivos e demandas sociais.

> *Eu tinha inveja quando via uma pessoa*
> *lendo jornal... eu queria aprender isso...*
> *E não é que hoje eu consigo?*
>
> Sujeito de pesquisa/EJA

Vários autores apresentam definições de letramento, geralmente com algumas diferenças, o que revela a inexistência de um consenso com relação ao tema.

---

6. Editora Pontes.

Para Tfouni (1988), enquanto a alfabetização diz respeito às habilidades individuais para a leitura e a escrita, o letramento envolve a dimensão social, pois focaliza aspectos sociais e históricos da aquisição da escrita. Para a autora, o letramento amplia o conceito de alfabetização, focando questões como as alterações sociais observadas em uma sociedade à medida que se torna letrada. No mesmo sentido, Tfouni foi uma das primeiras autoras que analisaram as relações entre letramento e alfabetização: para ela, numa sociedade grafocêntrica, os analfabetos convivem cotidianamente com práticas letradas, participando delas e desenvolvendo estratégias orais de letramento, ou seja, são analfabetos, mas não iletrados — condição esta inexistente, portanto, numa sociedade como a nossa.

Kleiman, por sua vez, define letramento "como um conjunto de práticas sociais que usam a escrita, enquanto sistema simbólico e enquanto tecnologia, em contextos específicos, para objetivos específicos" (1995, p. 19). Em outras palavras, refere-se ao conjunto de práticas sociais relacionadas aos usos, funções e impactos da escrita nos diversos grupos humanos da sociedade. Nesse sentido, para a autora, as práticas de escrita são plurais e variadas: as sociedades e grupos têm variadas formas de usar a escrita e atribuir significados a essas situações, implicando diversos efeitos grupais e pessoais, nos diferentes contextos sociais e culturais. Assim, a escolarização (e a alfabetização) é apenas um tipo de prática social de letramento; portanto, o conceito engloba as demais práticas, que extrapolam os muros da escola, envolvendo família, trabalho, religião, ambiente social etc., que se caracterizam como diferentes práticas sociais de letramento. Assim, o letramento pode ser considerado como um conceito "guarda-chuva", que acolhe todas as práticas de leitura e escrita existentes em uma sociedade.

A autora, embora reconheça a escola como uma das mais importantes agências sociais de letramento, faz uma crítica ao afirmar que essas práticas escolares baseiam-se em um modelo de letramento parcial e equivocado — o modelo autônomo, proposto por Street (1984). Tal modelo pressupõe que há apenas uma maneira de desenvolver o letramento — o escolar — e que "essa forma está associada quase que casualmente com o progresso, a civilização e a mobilidade social" (Kleiman, 1995, p. 21). A este modelo, a autora contrapõe o modelo ideológico (também baseado em Street); tal modelo assume as práticas de letramento como plurais, social e culturalmente determinadas, sendo que os significados específicos que a escrita assume dependem dos contextos e instituições específicas em que ela é adquirida e realizada. Com isto, o modelo desmistifica uma possível relação causal entre letramento e progresso social ou modernidade, assumindo que as práticas de letramento são aspectos de uma cultura que, na realidade, revelam as estruturas de poder de uma sociedade. Neste sentido, os efeitos da escolarização não são iguais para todas as pessoas, pois dependem das relações sociais das quais o indivíduo já participa, com seus contextos, papéis e objetivo.

Como decorrência dessas concepções, torna-se relevante analisar os significados atribuídos às diferentes práticas sociais, dado que a leitura não ocorre de forma homogênea. Isto porque as práticas culturais possibilitam diferentes formas de participação, em contextos social e culturalmente organizados. Assim, não se trata de identificar o que a escrita faz com os sujeitos, mas o que as pessoas fazem com a escrita. Os programas educativos deveriam, portanto, superar possíveis relações ingênuas (exemplo, a ideia de que alfabetização produz linearmente transformações sociais), visando às necessidades e interesses efetivos dos alunos envolvidos, criando oportunidades variadas para que os indivíduos possam usufruir das condições e aproveitar tais oportunidades. Ou seja, as propostas educacionais devem se originar das necessidades básicas de aprendizagem dos sujeitos a partir de suas especificidades. Para Vóvio e Souza, as "pessoas desenvolvem suas práticas de leitura e escrita delimitadas por configurações singulares, dependentes de suas histórias de vida, das práticas e atividades de que tomam parte, em seu cotidiano, circunscritas aos grupos sociais a que pertencem e à atividade a que se dedicam; e, de modo mais abrangente, ao contexto sócio-histórico que emoldura sua existência" (2005, p. 44).

Um outro nome relevante, na área do letramento, sem dúvida, é o de Magda Soares, reconhecida como uma pesquisadora que desenvolveu importantes reflexões sobre a questão. Concordando com a maioria das autoras que consideram o letramento e a alfabetização como processos distintos, a autora define o letramento como "resultado da ação de ensinar e aprender as práticas sociais de leitura e escrita. Ou toda condição que adquire um grupo social ou um indivíduo como consequência de ter-se apropriado da escrita e de suas práticas sociais" (Soares, 1998, p. 39). Assim, enquanto alfabetização refere-se ao domínio da tecnologia da escrita, incluindo o código e suas convenções, o letramento refere-se ao envolvimento do indivíduo com as práticas sociais da escrita; ou seja, o indivíduo usa socialmente e responde às demandas sociais de leitura e escrita — nas palavras da autora, "o indivíduo que vive em estado de letramento".

Os principais autores brasileiros, portanto, apesar de apresentarem diferenças conceituais com relação ao letramento, concordam com vários aspectos, dentre os quais destacamos: letramento refere-se às práticas sociais de leitura e escrita, diferencia-se do conceito de alfabetização, o qual se relaciona com o domínio do código; alfabetização não garante envolvimento do indivíduo com as práticas de leitura e escrita; o conceito de letramento, por sua vez, amplia o conceito de alfabetização, possibilitando uma direção para o mesmo; letramento é um conceito plural, envolvendo diferentes práticas sociais, sendo que a escola representa uma delas. Além disso, pode-se acrescentar que o conceito de letramento tem produzido grandes alterações nas práticas tradicionais de alfabetização: tem direcionado as práticas de muitos educadores no sentido de garantir que o domínio do código (ou seja, a alfabetização propriamente dita) ocorra a partir de práticas sociais reais, relacionadas com a leitura e a escrita, onde o texto passa a ter um papel central.

O texto que ela dá combina com a vida que a gente teve, que a gente tem, que a gente vai ter...

SUJEITO DE PESQUISA/EJA

Um aspecto que, neste ponto, merece esclarecimento, refere-se ao conceito de texto. Até alguns anos, quando se falava em texto, principalmente na escola, geralmente se referia aos textos escritos que poderiam ser literários, científicos, filosóficos etc., elaborados por autores reconhecidos e publicados por editoras do mercado, ou seja, só grandes autores seriam capazes de produzir textos. Atualmente, o conceito de texto foi bastante democratizado. Pode-se tomar como ponto de partida a definição de Lopes (1991), segundo a qual texto é todo trecho, falado ou escrito, que constitui um todo unificado, dentro de uma determinada situação discursiva. Três aspectos chamam aqui a atenção do leitor: primeiro, a ideia de que texto pode ser escrito e falado, ambos envolvendo diversos gêneros, sendo que em diferentes situações sociais os indivíduos são demandados para elaborar ou ler diferentes textos, orais ou escritos. Segundo, a ideia de que a essência do texto refere-se à possibilidade de produção de uma unidade de sentido, ou seja, um texto não se constitui como tal pelo seu tamanho, mas pelo fato de possibilitar ao leitor a construção de sentido. Assim — a terceira implicação — o texto se constitui como tal numa determinada situação discursiva, o que implica uma relação interpessoal. Por exemplo: estas marcas, impressas nesta folha, somente se constituirão como texto à medida que outros sujeitos lerem e construírem sentidos a partir da leitura.

As principais implicações dessas ideias parecem claras: um texto pode ser um livro, um parágrafo, uma frase ou até uma palavra, desde que possibilite a construção de uma unidade de sentido por outros indivíduos. Assim, todos os sujeitos que tenham um domínio básico da escrita podem tornar-se produtores de texto, além, obviamente, de leitores. Entretanto, o grau de habilidade individual para a produção textual pode variar, em função de inúmeros fatores, mas é uma habilidade que pode ser desenvolvida, ou seja, trata-se de uma habilidade socialmente construída, para o que a escola pode ter um papel crucial.

Outra razão que justifica a reflexão presente é que a escrita circula no ambiente social através de textos, conforme acima definido; o que significa que a escrita viva e significativa é encontrada no texto. Nesse sentido, pode-se propor que o grande objetivo da educação formal deveria ser formar bons leitores e produtores de textos, de diversos gêneros, que aparecem, com frequência, nas demandas sociais às quais os sujeitos estão submetidos.

> *A gente tem um texto igual à vida real nossa, igual à sua história... mas só que é uma história real.*
>
> SUJEITO DE PESQUISA/EJA

Se o conceito de letramento produziu impactos imediatos nas ideias e práticas pedagógicas relacionadas com o processo de alfabetização escolar, também produziu vários problemas e impasses, em especial durante os anos 1990, provavelmente devido às dificuldades iniciais de acomodação entre os dois conceitos.

Um desses problemas refere-se ao fato apontado por vários autores como a perda da especificidade da alfabetização, ou seja, ambos os conceitos passaram a ser utilizados como sinônimos, em detrimento dos aspectos específicos da alfabetização. Soares (2003) argumenta que "a alfabetização, como processo de uma escrita alfabética e ortográfica, foi, de certa forma, obscurecida pelo letramento, porque este acabou por prevalecer sobre aquele que, como consequência, perde sua especificidade". Assim, durante o período, era muito frequente que professores alfabetizadores desenvolvessem, basicamente, atividades de letramento em suas salas de aula, justificando que eram atividades de alfabetização.

Essa situação foi agravada pelos "efeitos de disseminação descontrolada da teoria construtivista nas redes de ensino, o que gerou práticas de alfabetização desvinculadas de uma metodologia que lhe desse suporte" (Leite, 2010, p. 31). A leitura inadequada sobre a teoria construtivista, realizada principalmente pelos especialistas dos órgãos centrais responsáveis pela orientação pedagógica, das diversas secretarias de educação, disseminou, junto aos docentes, a ideia de que o aluno constrói seu próprio conhecimento, independente das condições concretas planejadas e oferecidas pelo professor: bastaria, apenas, colocar a criança em um ambiente facilitador, onde pudesse ter contato com a escrita. Alguns autores já haviam denunciado esse quadro. Klein (1996) identificou os principais mitos produzidos pela leitura enviesada da teoria, cujo principal efeito foi a marginalização do papel do professor no processo de ensino-aprendizagem. Soares (2003) analisa a mesma questão, mostrando que a alfabetização passou a ser desenvolvida de forma aleatória.

Com isso, estabeleceu-se uma concepção teórica segundo a qual o processo de construção do conhecimento é centrado basicamente no sujeito/aluno, marginalizando-se o papel da mediação pedagógica. Foi uma época em que ensinar passou a ser entendido como uma atividade inadequada, por parte do professor, o que produzia, frequentemente, propostas pedagógicas marcadas pelo espontaneísmo, com sérias e nefastas consequências para o processo de alfabetização. Como exemplo, cita-se uma nova situação, observada por Sirino (2008), em que um grande contingente de crianças chega às séries avançadas sem apresentar o domínio adequado do código escrito — são as crianças que passam sem saber. Tal fato tem sido agravado, em alguns estados, pela implantação inadequada do processo de progressão continuada nas escolas.

Pode-se afirmar que, neste atual período, vive-se uma situação de superação de um desafio: reconhece-se a importância do papel do conceito de letramento, ao mesmo tempo em que se reconhece também a necessidade de resgatar e ressignificar o conceito de alfabetização escolar.

Um dos fatores que têm auxiliado, nessa superação, foi o advento da abordagem histórico-cultural em nosso meio, representada pelas proposições de Vygotsky (1984, 1993, 1998). Reassumindo a ideia de que o conhecimento se dá pela ação do sujeito sobre o objeto e que, nesse processo, o sujeito é ativo, a abordagem histórico-cultural enfatiza o papel do professor ao defender, teoricamente, que toda relação sujeito/objeto é mediada por um agente cultural. E mais: a maneira como a mediação é efetivamente realizada é um dos determinantes do tipo de relação que se estabelecerá entre sujeito e o referido objeto. No caso da sala de aula, a abordagem permite recolocar o papel do professor no centro do processo de ensino/aprendizagem, juntamente e no mesmo nível do sujeito e do objeto: na relação aluno/conteúdo escolar, o professor é, sem dúvida, o principal mediador, responsável pela organização do trabalho pedagógico, embora se reconheça que há outros mediadores igualmente presentes (colegas, material escolar etc.).

Um outro fator que, da mesma forma, tem ajudado a resgatar a especificidade da alfabetização é o reconhecimento de que a escrita também é um código, socialmente construído e convencionalmente estabelecido, sendo o instrumento através do qual as ideias são simbolizadas. Ou seja, escrita é conteúdo e forma, o que significa assumir que ambas as dimensões devem ser igual e simultaneamente consideradas no processo de alfabetização escolar.

Portanto, a inserção do indivíduo no mundo da escrita supõe, de um lado, a apropriação da escrita como sistema convencional, alfabético e ortográfico — o que configura o processo de alfabetização; de outro, o desenvolvimento das habilidades necessárias para a inserção do indivíduo nas práticas sociais de leitura e escrita — o que configura o processo de letramento. Assim, resgatar o processo de alfabetização significa que o aluno deve apropriar-se da tecnologia da escrita, que envolve o sistema convencional de nossa escrita alfabética e ortográfica, o que inclui a consciência fonológica, a relação grafema-fonema, os aspectos linguísticos da leitura e da escrita etc.

Essas ideias, no entanto, não podem ser interpretadas como um movimento de retrocesso às práticas cartilhescas, características do modelo tradicional, aqui já apresentado. O desafio que se coloca é de garantir a reinvenção da alfabetização, agora na perspectiva do letramento.

Chega-se, portanto, à questão central da relação alfabetização — letramento: trata-se de dois conceitos independentes, mas, ao mesmo tempo, indissociáveis. Isto significa que, para o professor, o desafio se coloca em termos de como alfabetizar e, simultaneamente, como letrar os alunos, ou seja, como alfabetizar letrando.

> *Revista me interessa porque agora eu consigo ler... Vou lendo e vou entendendo...tudo que interessa eu posso ler...*
>
> Sujeito de pesquisa/EJA

Todas as ideias acima colocadas não se restringem apenas às séries iniciais do Ensino Fundamental, mas referem-se também ao processo de alfabetização de jovens e adultos. Neste sentido, é possível identificar algumas características do processo de alfabetização desenvolvido na perspectiva do letramento:

a) o texto como instrumento central do processo — a escrita deve ser apresentada aos alunos através de textos reais, encontrados no ambiente social, funcionais e plenos de significação. Da mesma forma, textos coerentes e ricos de elementos coesivos, abordando conteúdos motivadores e adequados à população atendida. No caso da Educação de Jovens e Adultos, parece importante a participação do aluno no processo de escolha dos tipos de gêneros textuais a serem estudados, tendo-se clareza que o objetivo é levar o aluno a envolver-se com práticas sociais de leitura e escrita com esses respectivos gêneros textuais;

b) o processo de alfabetização centrado na relação dialógica entre alunos e professores — assume-se um modelo teórico de construção do conhecimento centrado nas relações sociais, onde se destaca a linguagem oral como principal dimensão mediadora nessas relações. A sala de aula transforma-se em um espaço de construção coletiva onde todos, professor e alunos, apropriam-se do conhecimento através do diálogo. No caso do adulto, tal característica é marcante em função de que este aluno já tem uma rica experiência social com a escrita, através de contínuas práticas de letramento, embora, frequentemente, não tenha um domínio adequado do código. A estratégia, portanto, é partir do conhecimento já acumulado, ampliar as práticas de letramento em função das demandas sociais que os alunos enfrentam e, ao mesmo tempo, desenvolver atividades que possibilitem o domínio do código;

c) o processo de alfabetização centrado na perspectiva crítica — é necessário reconhecer que toda ação pedagógica não é uma atividade ideologicamente neutra: pressupõe valores e crenças que expressam determinadas concepções de mundo, de homem, de sociedade etc. A grande contribuição, neste sentido, foi dada por Paulo Freire (1979, 1985). Para o autor, a educação deve possibilitar ao sujeito o seu processo de conscientização, conceito definido como a passagem de um nível de consciência ingênua para um nível superior de consciência crítica, a respeito das relações entre o sujeito e o mundo. Tal processo se dá, basicamente, pelo exercício da reflexão crítica sobre os aspectos relevantes da realidade social, sendo os conteúdos escolares — incluindo os temas abordados no processo de alfabetização — uma rica oportunidade para esse exercício, desde que planejado pelo professor com essa perspectiva. Obviamente, todo o processo de conscientização pressupõe relações dialógicas e um professor comprometido ideologicamente com esse processo: na prática, isso se dará pelas decisões sobre as atividades a serem desenvolvidas em sala de aula. Tais decisões implicam, por exemplo: os conteúdos e temas a serem lidos e discutidos com os alunos; as atividades desenvolvidas e centradas na dimensão grupal; a ênfase no trabalho de produção e leitura de textos, a partir da reflexão grupal, entre outras — sempre lembrando que essas decisões não são aleatórias, mas frutos de um planejamento pedagógico que toma essas ideias como referências;

d) o exercício contínuo da atividade epilinguística durante o processo de alfabetização — assumir esta diretriz significa que o aluno deve ser continuamente estimulado a refletir sobre as práticas realizadas em sala de aula, principalmente as atividades de leitura e produção de textos, individual ou coletivamente. Na prática, o professor, ao desenvolver essas atividades, deve prever continuamente a possibilidade de os alunos estarem revendo e refletindo sobre o que leem e escrevem, além de confrontarem suas produções. Essa é uma das principais estratégias que possibilitam os alunos a evoluírem, por exemplo, nos seus padrões de produção textual ou na qualidade das suas interpretações de textos;

e) a sistematização do processo de alfabetização — historicamente, a ideia de sistematização tem sido objeto de críticas por estar associada — indevidamente — com o modelo tradicional cartilhesco. Não é esta a proposta aqui defendida: o que se pretende resgatar é que o trabalho educacional não pode ser aleatório, devendo ser objeto de planejamento, identificando-se os conteúdos e as atividades a serem desenvolvidos, em função dos objetivos e da base teórica assumida. No caso da alfabetização de jovens e adultos, é necessário que o professor identifique, por exemplo, os gêneros textuais que serão abordados, as principais atividades a serem desenvolvidas em sala de aula, a escolha de material adequado, a identificação dos conteúdos linguísticos que serão estudados nas práticas de alfabetização, etc. Isto não significa que essas decisões devam ser rígidas ou imutáveis, mas, novamente se reconhece que o planejamento educacional é um importante instrumento balizador da prática pedagógica do professor em sala de aula, além de pressupor a existência de uma base teórica que oriente todo o trabalho;

f) o planejamento coletivo do processo de alfabetização — quando o trabalho pedagógico é sistematizado em uma instituição educacional, envolvendo vários docentes, é fundamental que todo o processo seja planejado e desenvolvido segundo a perspectiva do trabalho coletivo. Isto implica no enfrentamento do desafio de construção das práticas de cada docente a partir de diretrizes pedagógicas comuns, a partir das quais tais práticas serão planejadas e desenvolvidas. Algumas sugestões de diretrizes já foram aqui apresentadas, como exemplo: o texto como base do trabalho de alfabetização, a utilização de textos reais, a ênfase nas atividades epilinguísticas etc.; mas, deve-se reconhecer que a opção por diretrizes pedagógicas comuns exigirá dos docentes participantes o estudo das bases teóricas dessas diretrizes, além de leituras de textos e o exercício da reflexão sobre as questões relacionadas com a alfabetização e o letramento. Além disso, é fundamental que se criem, na escola, as condições para que o corpo docente possa exercer a reflexão coletiva sobre suas práticas, através de encontros frequentes durante o trabalho pedagógico; tais encontros devem ser desenvolvidos sob a orientação de um coordenador pedagógico, ou de algum profissional da escola que tenha competência para assumir essa função. Embora o trabalho coletivo seja uma necessidade amplamente reconhecida pelos educadores, trata-se de um dos desafios mais complexos a serem efetivamente enfrentados na escola; isto implica a superação radical das concepções individualistas sobre as relações de trabalho, ainda tão comuns nas escolas, em favor de concepções centradas na ideia de construção coletiva do trabalho educacional a ser desenvolvido pelo grupo de docentes da instituição;

g) a alfabetização desenvolvida em um ambiente afetivamente favorável (dada a importância atribuída a esta questão, o tema será abordado no item seguinte).

A afetividade no processo de alfabetização

Eu sinto que eu tô ali e ela tá me vendo.
Então não me sinto abandonada... eu me
sinto bem porque ela tá dando atenção para mim.

SUJEITO DE PESQUISA/EJA

O segundo grande tema analisado neste texto — objeto de pesquisa do autor na última década e que se tem constituído como uma das principais características no trabalho pedagógico em sala de aula, em especial na alfabetização de jovens e adultos — é a questão da afetividade.

Praticamente ausente das pesquisas e dos estudos pedagógicos até os anos 1990, a partir de então tem tido uma presença constante na agenda de vários estudiosos em nosso meio, com destaque para a área da Psicologia (Dantas, 1992; Oliveira, 1992; Mahoney, 1993; Pinheiro,

1995; Almeida, 1997 e 1999; Arantes e Aquino, 2003; Vasconcelos, 2004; Leite, 2006; Ribeiro e Jutras, 2006; Franco, 2009; Amado et al., 2009; Ribeiro, 2010).

Uma das razões determinantes dessa situação pode ser atribuída ao secular predomínio da chamada concepção dualista, no pensamento ocidental, segundo a qual razão e emoção são entendidas como dimensões humanas independentes e o homem visto como um ser que ora pensa, ora sente, não existindo relações determinantes entre essas duas dimensões. Além disso, na dualidade razão/emoção, o pensamento dominante sempre elegeu a razão como a dimensão superior, característica básica do homem — entendido como animal racional. A referida dimensão teria como uma das principais funções o controle da emoção, esta interpretada como uma dimensão sombria e perigosa para o ser humano.

As raízes dessas concepções são observadas, na Antiguidade, pela oposição entre o conhecimento inteligível e o conhecimento sensível; na Idade Média, pelo conflito entre razão e fé, com o predomínio desta sobre aquela. Na Idade Moderna, essas concepções são fortalecidas pelo dualismo cartesiano, tendo o seu ápice no final do século XIX, com o Positivismo de Augusto Comte, que ratifica a supremacia da razão na produção do conhecimento.

Os efeitos da concepção dualista, com destaque para o racionalismo, são visíveis no pensamento e nas práticas educacionais: durante séculos, o trabalho educacional foi dirigido, essencialmente, para os aspectos cognitivos dos objetos abordados, centrados, portanto, na razão, ficando a afetividade praticamente marginalizada nesse processo. Como exemplo, pode-se citar a própria área da alfabetização: a grande questão dominante era a aprendizagem do código escrito, suas convenções, não se assumindo como objetivo a formação do leitor autônomo, o que implicaria, necessariamente, a inclusão da dimensão afetiva nesse processo.

A concepção dualista tem sido contestada desde o século XVII, com o filósofo Baruch de Spinosa (Spinosa, 2009; Damásio, 2003). Mas somente com o advento de teorias filosóficas, sociológicas e psicológicas centradas nos determinantes culturais é que se criaram as condições para o fortalecimento da concepção monista, onde razão e emoção são entendidas como dimensões indissociáveis, vistas como "dois lados de uma mesma moeda", mantendo entre si múltiplas relações de determinação; assim, não é mais possível analisá-las separadamente.

Na área da Psicologia, há dois autores frequentemente citados, cujas ideias fundamentam a maioria das pesquisas sobre o tema: L. S. Vygotsky e H. Wallon. Esses teóricos ajudaram a construir uma base teórica segundo a qual o homem é um ser único, que pensa e sente simultaneamente, estando a emoção sempre presente na relação que o homem mantém com sua cultura — portanto, razão e emoção são dimensões indissociáveis.

Para Wallon (1968, 1978, 1995), o processo de desenvolvimento humano é determinado pela contínua relação que se estabelece entre três grandes núcleos funcionais — a afetividade, a cognição e o movimento — que vão produzir o quarto núcleo que ele chamou de pessoa. As relações entre esses núcleos são explicadas pela relação dialética que existe entre os processos biológicos/orgânicos e o ambiente social, o que significa assumir que as dimensões biológica e social são indissociáveis, estando dialeticamente relacionadas.

Para o autor, emoção e afetividade são conceitos diferenciados. A emoção é o vínculo inicial que se estabelece entre o sujeito (recém-nascido) e as pessoas do ambiente, constituindo as manifestações iniciais de estados subjetivos, com componentes orgânicos. Apresentam três características: a) contagiosidade — as emoções contagiam o outro; b) plasticidade — as emoções são refletidas no corpo, através de sinais; c) regressividade — as emoções interferem na dimensão racional. Assim, pode-se entender o que Wallon explica sobre as emoções: cabe a elas, através do seu poder de contágio e plasticidade, sensibilizar os adultos presentes no ambiente para satisfazer as necessidades do recém-nascido.

A afetividade, por sua vez, é uma dimensão mais complexa, constituindo-se mais tardiamente, englobando a emoções (de origem biológica) e os sentimentos (de origem psicológica). Desenvolve-se à medida que o indivíduo apropria-se dos processos simbólicos da cultura, os quais vão possibilitar as formas de representação da própria dimensão afetiva. Pode-se dizer que as emoções vão se complexificando e se cognitivizando para constituir a dimensão afetiva no indivíduo. Assim, para o autor, emoção e cognição coexistem continuamente no processo de desenvolvimento, embora ele reconheça que há períodos de predomínio alternado entre as duas funções.

Vygotsky (1993, 1998), de forma semelhante, explica que o homem nasce com as funções elementares, de natureza filogenética, as quais, através da inserção do indivíduo na cultura, vão se constituir nas chamadas funções superiores, que caracterizam o ser humano. O autor denuncia a divisão histórica entre os afetos e a cognição, apontando-a como um dos principais problemas da teoria psicológica de sua época. Para ele, as emoções deslocam-se do plano individual e biológico, para um plano superior e simbólico, de significações e sentidos, constituídos na/pela cultura.

Aproximando-se as posições dos dois autores — Wallon e Vygotsky — percebem-se os pontos comuns: a) ambos assumem uma concepção desenvolvimentista sobre as manifestações da afetividade: inicialmente orgânicas, vão ganhando complexidade à medida que o indivíduo desenvolve-se na cultura, passando a atuar no universo simbólico, ampliando e complexificando suas formas de manifestação; b) portanto, assumem o caráter social da afetividade: não se trata de uma dimensão natural, mas constituída na relação com o outro. Assim, o tipo de relação afetiva que se estabelecerá entre o sujeito e os objetos culturais dependerá, concretamente, da história de mediação vivenciada pelo sujeito com o respectivo objeto, a qual, em grande parte, é determinada pela presença do outro nas relações sociais.

A partir das bases teóricas resumidamente apresentadas, é possível estabelecer uma síntese sobre o tema:

a) a produção do conhecimento é um processo que ocorre a partir da relação que se estabelece entre o sujeito e o objeto em questão. Nessa relação, o sujeito tem uma participação ativa — é o conceito de sujeito ativo — ou seja, nessas relações o sujeito elabora ideias, hipóteses, críticas, etc. Obviamente, esse processo envolve todas as situações em que o sujeito se envolve com os objetos da cultura, em especial a escola, que tem a função básica de propiciar aos alunos o acesso ao conhecimento acumulado, considerado relevante para sua formação enquanto cidadão;

b) entretanto, toda relação sujeito-objeto, como descrito, é sempre mediada por agentes culturais, que podem ser pessoas físicas — adultos cuidadores, no caso das crianças; professores, no caso da escola — ou produtos culturais, como no caso de um texto produzido sobre um determinado tema. Além disso, pode-se afirmar que a maneira como essa mediação ocorrerá concretamente será um dos principais determinantes da qualidade da relação que se estabelecerá entre o sujeito e o objeto. No caso da escola, por exemplo, sabe-se que o conjunto das condições concretas estabelecidas pelo professor é um dos principais fatores determinantes do sucesso ou do fracasso do processo de apropriação do conhecimento realizado pelo aluno;

c) o aspecto mais recente nesse processo é o reconhecimento de que as relações que se estabelecem entre sujeito-objeto-mediador também são marcadamente afetivas, ou seja, tais relações não se limitam à esfera cognitiva, como o pensamento dualista tradicional supunha, mas as experiências de aprendizagem provocam repercussões internas e subjetivas nos sujeitos, de natureza basicamente afetiva;

d) como consequência, assume-se que a qualidade da mediação desenvolvida é um dos principais determinantes da relação que se estabelecerá entre o sujeito e o objeto do conhecimento, envolvendo, simultaneamente, as dimensões cognitiva e afetiva. Considerando a sala de aula como exemplo, pode-se supor que a qualidade das relações afetivas, que se estabelecem entre os alunos e os conteúdos desenvolvidos, depende, em grande medida, das práticas pedagógicas concretas desenvolvidas, as quais produzem impactos afetivos no aluno; esses impactos podem possibilitar movimentos de "aproximação" ou de "afastamento", de natureza afetiva e subjetiva — ou seja, "relações de amor ou de ódio" nos seus extremos — entre o aluno e o respetivo conteúdo.

Do ponto de vista educacional, a partir do que foi apresentado, espera-se que a escola, através das práticas desenvolvidas, consiga promover o que é chamado de "aprendizagem com sucesso" — um processo em que o aluno apropria-se cognitivamente do conteúdo, mas também caracterizado por um vínculo de "aproximação", ou seja, um vínculo marcado por impactos afetivamente positivos no aluno. Deve-se relembrar que, historicamente, o sistema educacional brasileiro tem sido fortemente caracterizado pelo fenômeno conhecido na literatura como "fracasso escolar", representado por altos índices de reprovação e evasão observados nas escolas. Do ponto de vista afetivo, tal processo corresponde a histórias de mediação marcadas por impactos afetivamente negativos, que acabam por produzir um movimento de "afastamento" radical entre o aluno e os conteúdos, movimento este cujos efeitos, frequentemente, generalizam-se para a escola como um todo.

Assim, uma das tarefas da pesquisa é descrever e analisar práticas pedagógicas, concretamente desenvolvidas em sala de aula, que favorecem, principalmente, o movimento de "aproximação" entre os alunos e os conteúdos escolares. Isso porque a mediação não se refere a ideias abstratas, mas a situações efetivamente vivenciadas em sala de aula, que podem ser acessadas pelo olhar do pesquisador, através, obviamente, de metodologias adequadas às características do fenômeno em questão.

> *Ela ensina muito bem... tem um jeitinho...*
> *é paciente com a gente, vem ao lado da gente,*
> *fica ali quando a gente erra... Ela ajuda...*
>
> SUJEITO DE PESQUISA/EJA

Finalmente, resta analisar as relações entre as ideias apresentadas com o trabalho pedagógico desenvolvido na alfabetização de jovens e adultos, eixo central dos textos aqui reunidos.

A área de EJA parece ser, por excelência, uma instância que exige um cuidado extremo no planejamento das condições concretas de ensino, no sentido de garantir um ambiente afetivamente favorável para os alunos, visando ao estabelecimento de vínculos de "aproximação" com os conteúdos e práticas desenvolvidos.

Tal cuidado deve-se, inicialmente, às caraterísticas da população atendida nessas classes. Tanto os jovens quanto os adultos que frequentam as salas de alfabetização da EJA apresentam um aspecto comum: quase todos são marcados por uma história de fracasso e de exclusão vivenciada em uma escola convencional durante a infância. É comum o relato de alunos apontando que tal situação foi determinada por condições econômicas e sociais desfavoráveis: nos adultos é constante uma história de interrupção da vida escolar pela necessidade de a criança ajudar os pais na agricultura, situação que, geralmente, foi agravada pela grande distância entre a residência e a escola ou pela ausência de um sistema de transporte na época. Mas também é visível a discrepância existente entre a forma como a escola se organizava e o trabalho pedagógico desenvolvido, produzindo impactos afetivos negativos que acabaram gerando nos alunos um sentimento de incapacidade e baixa autoestima.

Por conta dessa realidade, o aluno da EJA, ao tentar reatar o vínculo interrompido, não pode encontrar um ambiente escolar que continue produzindo impactos afetivos negativos; ao contrário, o ambiente de sala de aula deve ser planejado de forma a garantir todas as condições previsíveis no sentido de que as experiências aí vivenciadas produzam impactos afetivos positivos, o que aumentará a chance de o aluno continuar o seu processo escolar. Deve-se relembrar que são altíssimos os índices de evasão nas salas da EJA, e um dos motivos, certamente, refere-se a essa inadequação apresentada. Assim, o fracasso do aluno na EJA significa uma história de dupla exclusão do sistema, que não foi capaz de recompor adequadamente a relação do aluno com as práticas e conteúdos escolares.

Dados acumulados de pesquisas, desenvolvidas em classes de EJA, junto a professores que desenvolvem um trabalho pedagógico considerado de excelente qualidade por seus pares (Barella, 2007; Donadon, 2009; Barros, 2011), permitem identificar algumas características dessas práticas analisadas, não no sentido de propor um modelo pedagógico fechado, mas visando contribuir com o conhecimento na área. Tais estudos possibilitam a identificação do que se poderia propor como diretrizes relevantes para um processo de alfabetização de jovens e adultos, centrado na perspectiva do letramento e da afetividade:

a) a escolha dos objetivos e conteúdos de ensino é sempre uma decisão que reflete valores e crenças do educador ou dos educadores que a realizam. No caso da alfabetização de jovens adultos, tais valores envolvem as concepções de homem, de mundo e, com relação à sociedade em que se vive, as concepções relacionadas às práticas de cidadania, em especial, sobre o papel da leitura e da escrita em função do processo de inserção social do aluno. Grande parte dessa discussão já foi desenvolvida no item relacionado com o letramento, neste capítulo. Mas, devem-se realçar dois aspectos: é fundamental que esses objetivos atendam às necessidades enfrentadas pelos alunos nas suas relações sociais, pois, certamente, são essas as demandas que estão motivando os alunos a retomarem seus estudos. Geralmente, tais demandas relacionam-se às situações de trabalho ou a processos subjetivos de insatisfação com a condição de analfabetismo (não domínio do código).

Um segundo aspecto a ser discutido é que o trabalho pedagógico deve utilizar uma estratégia que possibilite, ao aluno da EJA, ampliar suas habilidades com as práticas de leitura e de escrita; tal processo deve permitir que tenha condições de usufruir melhor das possibilidades sociais e culturais que a escrita permite. Neste sentido, ao desenvolver um trabalho a partir das demandas iniciais apresentadas pelos alunos e de forma afetivamente positiva, criam-se as condições para que novas demandas sejam apresentadas pelos professores nas etapas posteriores do trabalho pedagógico. Assim, muitos jovens e adultos procuraram a EJA motivados, inicialmente, para realizar, com sucesso, o exame de habilitação para motorista, mas acabaram descobrindo a importância da leitura do jornal ou das obras da nossa literatura. Tal processo depende do planejamento por parte dos docentes evolvidos, ou seja, são processos socialmente construídos nas relações em sala de aula.

Desnecessário comentar a situação em que objetivos de ensino são assumidos de forma burocrática e conteúdos escolhidos apenas para cumprir um programa. Na EJA, a consequência geralmente é a desmotivação do aluno e a evasão prematura. Assim, reitera-se que, no caso das classes de alfabetização de jovens e adultos, objetivos e conteúdos sempre devem estar direcionados em função da sua relevância para a população atendida, sendo que os alunos podem ficar conscientes disto, através da discussão promovida pelos professores sobre a questão;

b) o início do processo pedagógico, especialmente em uma sala de alfabetização de jovens e adultos, só pode ocorrer a partir do conhecimento que os alunos apresentam sobre os conteúdos a serem desenvolvidos. Isso aumenta as possibilidades de sucesso do processo de aprendizagem do próprio aluno, com inegáveis implicações afetivas. Na prática, implica que o professor, sempre que iniciar novo tema, realize sondagens iniciais sobre o conhecimento que os alunos já apresentam sobre o assunto a ser abordado; isto, no entanto, não deve ser confundido com a realização de provas escritas. A partir desse patamar inicialmente identificado, delineiam-se os conteúdos a serem desenvolvidos, bem como a sequência a ser utilizada pelo professor.

Quando o professor decide sobre o início do processo de ensino sem esses cuidados, corre seriamente o risco de projetar o trabalho pedagógico a partir de um patamar inicial situado muito além do conhecimento atual do aluno; essa decisão cria uma situação em que aumentam as chances de ocorrência do insucesso logo no início do processo, deteriorando-se prematuramente as relações afetivas entre os alunos e os conteúdos em questão.

Tal diretriz também envolve a questão da sequência dos conteúdos a serem desenvolvidos em sala de aula. Cabe ao professor planejar a sequência do trabalho, a partir do conhecimento que construir sobre seus alunos, além de respeitar o seu ritmo inicial de aprendizagem — aqui entendido como o tempo necessário para os alunos se apropriarem desse conhecimento. A experiência tem demonstrado que sempre que o professor, muitas vezes pressionado por um programa que "precisa ser cumprido naquele tempo previsto", não respeitar o ritmo do aluno, é comum parte do grupo não conseguir acompanhar, gerando uma situação de desmotivação, com consequências afetivas indesejáveis. Pode-se dizer que, na situação da EJA, tal quadro tem um efeito desmotivador potencializado.

c) a escolha das atividades de ensino a serem utilizadas em uma sala de aula de jovens e adultos envolve decisões críticas em função dos possíveis efeitos e impactos imediatos que produzem nos alunos. Trata-se de decidir se o professor vai ministrar aula expositiva, propor trabalho em grupo, realizar uma leitura em sala, um exercício escrito, etc., com inegáveis implicações afetivas. Atividades bem escolhidas e adequadamente desenvolvidas aumentam as chances de sucesso no processo de aprendizagem do aluno e a consequente relação afetiva de "aproximação" entre o aluno e o respectivo conteúdo.

Há vários aspectos a serem aqui considerados. Inicialmente, é necessário verificar se a atividade proposta está adequada ao objetivo imediato e se as condições oferecidas são motivadoras para o aluno. Não se deve correr o risco de utilizar atividades consagradas na educação infantil, por exemplo, imaginando que seu efeito se generalize para a situação em questão. O aluno de EJA é um adulto que tem interesses e uma capacidade de análise de situações que não deve ser menosprezada pelo professor. Neste sentido, deve-se ressaltar, como já colocado neste capítulo, a importância da utilização do texto real no processo de alfabetização, da constante relação dialógica entre professor e alunos, das atividades epilinguísticas etc., como balizadores de uma escolha adequada das atividades de sala de aula.

Além disso, uma atividade de ensino pode ser bem escolhida, mas apresentar problemas de organização interna, como instruções imprecisas ou mesmo ausentes, intervenções inadequadas por parte do professor, material inadequado, falta de feedback ou correção inadequada do desempenho do aluno, etc. Quando tais problemas existem, aumentam as chances de a atividade tornar-se desmotivadora para o aluno, produzindo, às vezes, efeitos desastrosos nas relações afetivas entre o aluno e os conteúdos envolvidos.

Finalmente, é necessário relembrar que, nas atividades de ensino, concentra-se a maior carga afetiva da relação professor/aluno: olhares, posturas, conteúdos verbais, contatos, proximidade, tom de voz, formas de acolhimento, instruções e correções, etc. constituem aspectos da trama de relações interpessoais, com enorme poder de impacto afetivo no aluno, seja positivo, seja negativo — daí a importância dessas decisões.

d) a escolha dos procedimentos de avaliação, tradicionalmente realizados na escola, tem sido apontada como um dos principais fatores responsáveis pelo fracasso do processo de ensino-aprendizagem. Isto porque a concepção tradicional de avaliação tem como objetivo, basicamente, o ranqueamento dos alunos, "identificando os melhores e os piores", refletindo uma concepção de homem derivada da ideologia liberal, base do sistema capitalista, que pressupõe que as diferenças nas capacidades humanas são inatas, distribuídas gaucianamente entre os homens. Neste sentido, ensino e aprendizagem são entendidos como processos independentes: ensinar é tarefa do professor e aprender é obrigação do aluno — se esta não ocorre, certamente é por alguma razão intrínseca ao aluno. Em função disso, as situações concretas de avaliação, geralmente, ocorrem através de situações marcadamente estressantes, o que, a médio e a longo prazo, leva os alunos a um movimento de afastamento afetivo em relação a essas situações.

Obviamente, este modelo tradicional, mas ainda muito presente em nossas escolas, é absolutamente incompatível com o trabalho pedagógico desenvolvido com jovens e adultos. Utilizá-lo implicaria, por princípio, expor esses alunos a uma nova experiência de exclusão. A alternativa que se coloca aponta a perspectiva da avaliação diagnóstica, proposta por Luckesi (1984): avaliar é um processo cujos resultados devem sempre ser utilizados em favor do aluno — se o professor ensina, mas o aluno apresenta dificuldades na avaliação, então as condições de ensino devem ser revistas. Com isso, resgata-se a inevitável relação que existe entre a mediação pedagógica e o desempenho demonstrado pelo aluno. Além disso, no caso da EJA, deve-se supor que um professor experiente continuamente está avaliando seus alunos, através da observação das suas produções; com isso, estará evitando, por exemplo, o uso de provas escritas, ou outras situações constrangedoras, que tantos problemas produzem na relação afetiva que se estabelece entre o aluno e os conteúdos escolares.

Considerações finais

Na minha opinião, quem não sabe escrever é cego.
Hoje em dia, tudo na vida depende de ler e escrever.
Eu quero estudar, não quero parar.
Quem sabe uma faculdade....

ALUNO DE PESQUISA/EJA

As questões analisadas neste capítulo não esgotam, certamente, os temas do letramento e da afetividade, mas apontam claramente algumas direções.

A primeira delas, sem dúvida, é que todas as condições de ensino, planejadas e desenvolvidas para as salas de jovens e adultos, devem ser radicais no sentido de visar, sempre, ao sucesso do processo de aprendizagem do aluno; isso implica uma série de cuidados — vários aqui sugeridos — uma vez que a população atendida apresenta características muito específicas. O sucesso desse processo exige o planejamento de práticas pedagógicas que produzam impactos afetivamente positivos, o que, ao longo do trabalho, reverter-se-á no envolvimento positivamente afetivo do aluno com relação aos conteúdos e, consequentemente, com a própria escola. Além disso, tal processo certamente produzirá sensíveis mudanças na autoestima do aluno — os sentimentos de ser capaz de aprender e enfrentar novos desafios são derivados do sucesso no processo de aprendizagem.

Isso, obviamente, implica a presença de um professor mediador que também apresente algumas características especiais: que tenha conhecimento teórico básico sobre o processo de ensino-aprendizagem, sobre a questão da alfabetização e do letramento, incluindo também o aspecto da afetividade como parte do seu trabalho, entre outros. Além disso, como professor, deve apresentar uma postura de constante disponibilidade em sala de aula, de tal modo que o aluno jovem e adulto saiba que será sempre bem acolhido em suas iniciativas e aproximações. Em síntese, um professor que assume uma postura pedagógica a favor do aluno, em todas as situações.

Nos textos seguintes, são apresentadas e analisadas práticas pedagógicas de três professoras que correspondem ao perfil antes definido. Não são profissionais que nasceram geneticamente programadas para serem professoras, mas professoras que se constituíram como referências a partir de opções e compromissos assumidos ao longo de suas vidas como educadoras, em que predominou constantemente um profundo respeito e confiança na capacidade de aprendizagem de seus alunos, jovens e adultos.

A leitura de suas práticas é animadora no sentido de demonstrar que é possível um processo de formação de professores direcionado para essas características, sem o que dificilmente será possível uma política pública eficiente na área da Educação de Jovens e Adultos. Neste sentido, este livro representa uma contribuição efetiva da teoria e da pesquisa psicológica para a referida política.

Referências bibliográficas

ALMEIDA, A. R. S. A emoção e o professor: um estudo à luz da teoria de Henri Wallon. *Psicologia*: teoria e pesquisa, v. 13, n. 2, p. 239-249, 1997.

______. *A emoção na sala de aula*. Campinas: Papirus, 1999.

AMADO, J.; FREIRE, I.; CARVALHO, E.; ANDRÉ, M. J. O lugar da afetividade na relação pedagógica — contributos para a formação do professor. *Sísifo*, revista de Ciências da Educação, n. 8, p. 75-86, 2009.

ARANTES, V. A.; AQUINO, J. G. (Orgs.). *Afetividade na escola*: alternativas teóricas e práticas. São Paulo: Summus, 2003.

BARELLA, L. M. De S. *Alfabetização de Jovens e Adultos na perspectiva do letramento*. 2007. Dissertação (Mestrado em Educação) — Faculdade de Educação, Universidade Estadual de Campinas, Campinas, 2007.

BARROS, F. R. *Alfabetização e letramento na Educação de Jovens e Adultos*. Dissertação (Mestrado em Educação) — Faculdade de Educação, Universidade Estadual de Campinas, Campinas, 2011.

BRAGGIO, S. L. B. *Leitura e alfabetização*: da concepção mecânica à sociolinguística. Porto Alegre: Artmed, 1992.

DAMÁSIO, A. *Em busca de Espinosa*: prazer e dor na ciência dos sentimentos. São Paulo: Companhia das Letras, 2003.

DANTAS, H. Afetividade e a construção do sujeito na picogenética de Wallon. In: LA TAILLE, Y.; DANTAS, H.; OLIVEIRA, M. K. (Orgs.). *Piaget, Vygotsky e Wallon*: teorias psicogenéticas em discussão. São Paulo: Summus, 1992. p. 85-98

DONADON, D. G. *Educação de Jovens e Adultos*: a dimensão afetiva na mediação pedagógica. Dissertação (Trabalho de Conclusão de Curso) — Faculdade de Educação, Universidade Estadual de Capinas, Campinas, 2009.

FERREIRO, E.; TEBEROSKY, A. *Psicogênese da língua escrita*. Porto Alegre: Artmed, 1986.

FRANCO, A. F. O mito da autoestima na aprendizagem escolar. *Psicologia Escolar e Educacional*, v. 13, n. 2, p. 325-332, 2009.

FREIRE, P. *Conscientização*: teoria e prática da liberação — uma introdução ao pensamento de Paulo Freire. São Paulo: Moraes, 1979.

______. *Pedagogia do oprimido*. Rio de Janeiro: Paz e Terra, 1985.

FREITAG, B. *Escola, Estado e Sociedade*. São Paulo: Edart/São Paulo Livraria Editora, 1977.

HADDAD, S. A. Educação Continuada e as políticas públicas no Brasil. *REVEJ@*, revista de Educação de Jovens e Adultos, v. 1, n. 0, p. 27-38, ago. 2007.

KLEIMAN, A. B. (Org.). *Os significados do letramento*. Campinas: Mercado das Letras, 1995.

KLEIN, L. R. *Alfabetização*: quem tem medo de ensinar? São Paulo: Cortez, 1996.

KRAMER, S. *Alfabetização*: dilemas da prática. Rio de Janeiro: Dois Pontos, 1986.

LEITE, S. A. S. *Alfabetização e fracasso escolar*. São Paulo: Edicon, 1988.

______ (Org.). *Afetividade e práticas pedagógicas*. São Paulo: Casa do Psicólogo, 2006.

______. Afetividade e o processo de constituição do leitor. *Leitura*: Teoria & Prática, v. 29, n. 57, p. 38-50, nov. 2011.

LEITE, S. A. S.; COLELLO, S. M. G. *Alfabetização e letramento*. São Paulo: Summus Editoral, 2010.

LOPES, H. V. Linguagem, língua e texto: a ação humana. In: SECRETARIA DA EDUCAÇÃO DE SÃO PAULO. *O Currículo e a compreensão da realidade*. São Paulo: CENP, Projeto Ipê, 1991. p. 19-30.

LUCKESI, C. C. Avaliação educacional escolar: para além do autoritarismo. *Tecnologia Educacional*, n. 61, p. 6-15, 1984.

MAHONEY, A. A. Emoção e ação pedagógica na infância: contribuições da psicologia humanista. *Temas em Psicologia* — Sociedade Brasileira de Psicologia: v. 1, n. 3, p. 67-71, 1993.

OLIVEIRA, M. K. O problema da afetividade em Vygotsky. In: LA TAILLE, Y.; DANTAS, H.; ______ (Orgs.). *Piaget, Vygoysky e Wallon*: teorias psicogenéticas em discussão. São Paulo: Summus, 1992. p. 75-84.

PELANDRÉ, N. L. *Alfabetizar letrando*: um desafio. Trabalho apresentado no Congresso Brasileiro de Jovens e Adultos. Florianópolis, 2001. Disponível em: <http://www.led.br/projetossociais/cong>. Acesso em: 2 fev. 2012.

PINHEIRO, M. M. *Emoção e afetividade no contexto da sala de aula:* concepções de professores e direções para o ensino. Dissertação (Mestrado em Educação) — Pontifícia Universidade Católica de São Paulo, São Paulo, 1995.

POPPOVIC, A. M. *Alfabetização*: disfunções psiconeurológicas. São Paulo: Vetor, 1968.

RIBEIRO, M. L. *A afetividade na relação educativa.* Estudos de Psicologia, v. 27, n. 3, p. 403-412, 2010.

______; JUTRAS, F. Representações sociais de professores sobre afetividade. *Estudos de Psicologia*, v. 23, n. 1, p. 39-45, 2006.

RIBEIRO, V. M. (Org.). *Letramento no Brasil:* reflexões a partir do Inaf 2001. São Paulo: Global/Ação Educativa, 2003.

______. As estatísticas da alfabetização. *REVEJ@*, revista de Educação de Jovens e Adultos, v. 1, n. 0, p. 97-108, ago. 2007.

SIRINO, M. de F. *Uma nova faceta do fracasso escolar*: as crianças que passam sem saber. Tese (Doutorado em Educação) — Faculdade de Educação, Universidade Estadual de Campinas, Campinas, 2008.

SMOLKA, A. L. B. *A criança na fase inicial da escrita*: alfabetização no processo discursivo. São Paulo: Cortez, 1988.

SOARES, M. B. As muitas facetas da alfabetização. *Cadernos de Pesquisa*, n. 52, p. 19-24, 1985.

______. *Letramento*: um tema em três gêneros. Belo Horizonte: Ceale/Autêntica, 1998.

______. *Alfabetização e letramento.* São Paulo: Editora Contexto, 2003.

SPINOSA. *Ética*. São Paulo: Autêntica, 2009.

STREET, B. V. *Literacy in theory and practice.* Cambridge: Cambridge University Press, 1984.

TFOUNI, L. M. *Adultos não alfabetizados*: o avesso do avesso. Campinas: Pontes, 1988.

VASCONCELOS, M. S. Afetividade na escola: alternativas teóricas e práticas. *Educação e Sociedade*, v. 25, n. 87, p. 616-20, 2004.

VÓVIO, C. L.; SOUZA, A. L. S. Desafios metodológicos em pesquisas sobre letramento. In: KLEIMAN, A. B.; MATENCIO, M. L. M. (Orgs.). *Letramento e formação do professor*: práticas discursivas, representações e construção do saber. Campinas: Mercado de Letras, 2005.

VYGOTSKY, L. S. *A formação social da mente*. São Paulo: Martins Fontes, 1984.

______. *Pensamento e linguagem*. São Paulo: Martins Fontes, 1993.

______. *O desenvolvimento psicológico na infância*. São Paulo: Martins Fontes, 1998.

WALLON, H. *A evolução psicológica da criança*. Lisboa: Edições 70, 1968.

______. *De l'act à la pensée*. Paris: Flammarion, 1978.

______. *As origens do caráter na criança*. São Paulo: Nova Alexandria, 1995.

Educação de Jovens e Adultos:
a dimensão afetiva na mediação pedagógica

*Daniela Gobbo Donadon Gazoli**

> *"É preciso ousar, aprender a ousar, para dizer não à burocratização da mente a que nos expomos diariamente. É preciso ousar para jamais dicotomizar o cognitivo do emocional."*
>
> Paulo Freire

Quando pensamos sobre a Educação de Jovens e Adultos — EJA —, nos debruçamos sobre questões sociais, históricas e políticas, pontos necessários para a realização de uma coerente discussão sobre tão peculiar modalidade de ensino. Se o aluno adulto é entendido como fruto de uma realidade social injusta, que exclui muitos das práticas sociais de leitura e escrita, é preciso olhar pelo outro lado, observando a falta de comprometimento político para mudar essa realidade. Na história de nosso país, inexistem políticas públicas consistentes e articuladas voltadas para ações afirmativas de educação dos adultos.

* Pedagoga, mestranda do Programa de Pós-Graduação da Faculdade de Educação da Unicamp, bolsista Fapesp (Fundação de Amparo à Pesquisa do Estado de São Paulo).

Encontram-se, muitas vezes, políticas fragmentadas e pouco consistentes, principalmente voltadas para erradicar o analfabetismo, tratando a questão, como bem elucidou Freire (1975), como uma erva daninha a ser erradicada. Tal postura corrobora para marginalizar ainda mais o adulto analfabeto, contribuindo para fortalecer sua imagem de "problema social". Porém, ainda são poucas as ações afirmativas em prol de uma educação continuada e formação para a vida.

Dentro desse quadro, há inúmeros pesquisadores (Bezerra, 1985; Paiva, 1987; Tfouni, 1988; Silva, 1997; Haddad e Di Pierro, 2000; Ribeiro, 2001; Soares, 2002; Di Pierro, 2005) voltados para a importante discussão sociopolítica que se apresenta. É crescente o número de pesquisas sobre EJA. Porém, como reclamo geral dos interessados em tais produções, as construções a respeito das práticas pedagógicas, das metodologias de ensino e da psicologia do aluno adulto fazem falta nas prateleiras — ainda são poucas.

Na vivência cotidiana com profissionais da área, de diversos municípios do interior do Estado de São Paulo, sempre identificamos reivindicações por material direcionado para auxiliar os professores de jovens e adultos a pensarem sobre práticas de ensino, considerando as especificidades da população atendida. Existem, certamente, pesquisadores preocupados com a questão, mas a escassez desse material ainda é denunciada pelos professores compromissados, que desejam qualificar sua prática docente.

Estimulada por tais desafios, aceitamos a proposta do professor Sérgio Leite,[1] para escrever um dos capítulos deste livro, que se propõe a refletir e compartilhar conhecimentos construídos a respeito das práticas pedagógicas concretas, observadas e vivenciadas em sala de aula.

Assim, ao nos aprofundarmos no campo da EJA, ainda no início da graduação em Pedagogia, tivemos a oportunidade de conhecer uma turma peculiar da Fumec — Fundação Municipal para a Educação Comunitária de Campinas —, na qual a atuação competente e

1. Docente da Faculdade de Educação da Unicamp. Organizador do presente livro. Orientador de Iniciação Científica, TCC e mestrado da autora deste capítulo.

compromissada de uma docente produzia experiências positivas de aprendizagens, indo na contramão dos altos índices de evasão, muito comuns nessa modalidade de ensino. As práticas observadas dessa professora nos permitiram construir os conhecimentos que buscaremos partilhar aqui.

A experiência chamou a nossa atenção para questões mais específicas voltadas para a realidade e concretude dos eventos em sala de aula, durante o ano letivo de 2007, instigando reflexões relacionadas com um recente objeto de estudo na educação: a questão da afetividade em sala de aula.

Era muito clara a importância da dimensão afetiva naquele contexto. Os alunos adultos expunham, repetitivamente, as formas como o estigma social, construído em relação ao analfabeto, afetava sua autoimagem. Aqueles alunos expressavam um forte sentimento de culpa, como se fossem os responsáveis pela escola que os expulsou, pela sociedade que os marginalizou e excluiu — haviam interiorizado o discurso da ideologia liberal de culpabilização do indivíduo.

Além disso, afirmavam-se, muitas vezes, incapazes de aprender. Acreditavam que tinham mais dificuldades que as demais pessoas, que eram inferiores intelectualmente. Mas, ao mesmo tempo, creditavam à professora a força na crença de que poderiam superar tais dificuldades com a ajuda dela. A construção do vínculo afetivo saltava aos olhos.

Era possível observar, a cada dia, a cada semana, os alunos construírem novas relações afetivas em relação aos conhecimentos escolares. A matemática passava de algo incompreensível e desagradável a objeto de prazer, tornando motivadoras as situações de resolução de problemas. A sensação de competência transformava relações de afastamento em relações de proximidade entre os alunos e os conteúdos escolares.

Todas essas questões foram apurando nosso olhar através de reflexões pautadas nos estudos de um grupo de pesquisa no qual participávamos, juntamente com pesquisadoras e colegas de graduação. Intitulado Grupo do Afeto, parte integrante do grupo de pesquisa

ALLE — Alfabetização Leitura e Escrita — da Faculdade de Educação da Unicamp, sob coordenação do professor Sérgio Leite, vinha, há anos, produzindo pesquisas tendo como foco central a questão da dimensão afetiva nas práticas pedagógicas e nas relações que se estabelecem entre os sujeitos e os objetos de conhecimento.

Paralelamente às pesquisas e observações de sala de aula, o grupo reunia-se para aprofundar conhecimentos sobre a questão da afetividade, estudando e discutindo intensivamente as teorias de Vygotsky (1993, 1998a, 1998b, 2000) e Wallon (1968, 1979), autores que embasam uma perspectiva do desenvolvimento humano a partir de uma concepção monista, que não separa razão de emoção.

Portanto, foi no aprofundamento da questão da dimensão afetiva, proporcionado pelo Grupo do Afeto, e tendo sempre como motivação pelo nosso trabalho o grande interesse pela educação de adultos, que construímos o objeto da pesquisa (Donadon, 2009).

A maior aspiração deste capítulo é contribuir para a discussão do tema, compartilhando os conhecimentos sobre práticas pedagógicas afetivamente positivas, observadas e analisadas, visando inspirar as práticas de professoras que diariamente se debruçam e empenham seus esforços na construção das condições efetivas para que seus alunos aprendam a ler e a escrever, ampliando suas possibilidades para o exercício pleno da cidadania.

Por que pesquisar a dimensão afetiva em EJA?

Quando decidimos cursar pedagogia, acreditávamos, como Paulo Freire, que "se a educação sozinha não muda o mundo, sem ela, tampouco, o mundo muda" (Freire, 1975). Isto sugere que somente a partir de uma formação crítica será possível vislumbrar mudanças tão necessárias em nossa sociedade.

Vivemos em um sistema pautado na exploração humana, na desigualdade social, premissas imprescindíveis para a manutenção do capitalismo. Sempre vimos na Educação uma crucial ferramenta para a construção de uma consciência crítica coletiva sobre a realidade em que vivemos e um instrumental para que os sujeitos possam optar por modificar o contexto onde estão inseridos. Sempre vislumbramos na EJA possibilidades no sentido da conscientização política e social.

É reconhecido que a Educação de Jovens e Adultos vem sofrendo um longo processo histórico de negligência e desvalorização por parte das diversas instâncias governamentais, em nosso país. Assim, se, por um lado, a realidade dos professores é muito difícil, a dos alunos de EJA muitas vezes é ainda mais. São, em sua grande maioria, homens e mulheres com trajetórias de vida marcadas pelo fracasso escolar, pelo trabalho desde a infância, pela marginalização de acesso aos bens de consumo e a empregos melhor remunerados. São pessoas que internalizaram o estigma social do analfabeto, sentindo-se inferiorizadas por não poderem participar das práticas sociais de leitura e escrita.

Muitos buscam os estudos por necessidades impostas pelo emprego; outros apresentam um profundo desejo de aprender a ler e escrever, para se inserirem na cultura letrada. Plenitude — foi a palavra usada por uma das alunas que acompanhamos, para explicar o que buscava nas aulas de EJA.

Esses alunos possuem emprego, trabalham fora e dentro de casa, sustentam a família, limpam, cozinham, cuidam, são responsáveis pela gestão de suas vidas e de outras pessoas. Após longa jornada de trabalho, com muito esforço, deixam suas casas e utilizam o transporte coletivo para chegarem à escola. É com muito sacrifício que decidem, dia após dia, continuar estudando.

Foi durante um estágio em uma sala de alfabetização de adultos, que entramos em contato com a realidade dos alunos de EJA e identificamos o grande sonho de suas vidas: aprender a ler e a escrever. Assim, foi possível delinear nosso objeto de pesquisa: a dimensão afetiva nas práticas pedagógicas com alunos jovens e adultos (Donadon, 2009).

A proposta da pesquisa

A pesquisa teve como objetivo investigar a dimensão afetiva identificada no processo de mediação pedagógica, envolvendo jovens e adultos, com ênfase nos seus efeitos positivos sobre as relações que se estabelecem entre alunos e os objetos de conhecimento. Considerando que a relação aluno-conhecimento não é direta, mas mediada por agentes sociais e culturais, pressupomos que a qualidade da relação que se estabelece entre sujeito e objeto — neste caso entre os alunos e os conhecimentos escolares — é, também, de natureza afetiva e depende da qualidade da história de mediações vivenciadas pelo sujeito durante sua história de vida.

Para o desenvolvimento da pesquisa, as bases teóricas fixaram-se na área da Psicologia, a partir da teoria histórico-cultural de Vygotsky (1993, 1998a, 1998b, 2000) e do trabalho de Wallon (1968; 1979) sobre o desenvolvimento humano. A partir da metodologia qualitativa, foi utilizado o procedimento conhecido como *autoscopia*: após a realização de filmagens das relações observadas na sala de aula e da edição do material, foram exibidos vídeos aos sujeitos durante sessões individuais, quando eles verbalizavam sobre as práticas observadas nas gravações, sendo estimulados a explicitar suas opiniões e sentimentos. As falas foram gravadas, gerando os dados primários da pesquisa.

Participaram da pesquisa seis alunos em processo de escolarização, na Fumec de Campinas, além da professora da turma observada. A sala de aula que acompanhamos era formada por um grupo heterogêneo, englobando de adolescentes a idosos.

Posteriormente, os dados coletados foram analisados, gerando núcleos temáticos, considerando-se a abordagem teórica assumida. Os núcleos gerados a partir desse procedimento foram: Núcleo 1. — Práticas pedagógicas desenvolvidas pela professora; Núcleo 2. — Especificidades do trabalho pedagógico; Núcleo 3. — Características da professora; Núcleo 4. — As consequências do processo de mediação.

Sobre a pesquisa: construindo caminhos

Quando começamos a delinear nosso objeto de estudo, tomamos a decisão de estudar praticas pedagógicas afetivamente positivas vivenciadas por alunos de EJA. Essa decisão pautava-se no desejo de contribuir com os profissionais da área, apresentando possibilidades de atuação com alunos adultos que implicassem ricas experiências formativas, que modificassem positivamente a constituição dos sujeitos envolvidos, somando conhecimentos escolares e vivências de construção coletiva do conhecimento, em um movimento formativo que possibilitasse o desenvolvimento integral do aluno adulto.

Encontrar esse tipo de situação em uma sala de EJA não foi simples. Sabemos que, na realidade de escola pública, a precariedade de material, as dificuldades administrativas e os problemas de formação resultam, frequentemente, em histórias de mediação pedagógica que não obtêm o resultado esperado, implicando até mesmo relações afetivas negativas, marcadas pelo desinteresse e desestímulo por parte de alunos e professores. Na área de Jovens e Adultos, modalidade para a qual inexiste proposta de formação específica nos cursos de Pedagogia, é significativa a incidência de exemplos em que as relações aluno-professor-conteúdo escolar são negativas, vide o grande número de casos de evasão.[2] Portanto, a busca por uma professora que atendesse às nossas expectativas iniciais da pesquisa situava-se como um fator determinante para a realização da própria pesquisa.

Em um primeiro momento, buscamos a ajuda de uma pedagoga formada pela Unicamp, com vasta experiência na Fumec, onde trabalhou como professora na modalidade EJA por 12 anos. Parente próxima da pesquisadora, a pedagoga referida sempre narrou suas experiências e discutiu ideias relacionadas à área, mostrando-se

2. De acordo com pesquisa do Instituto Brasileiro de Geografia e Estatística (IBGE), 43% dos alunos que se matricularam na modalidade EJA deixaram a escola antes da conclusão, prevista para o final de 2007. Os dados foram baseados na sondagem Suplemento PNAD 2007 — Aspectos Complementares da Educação de Jovens e Adultos e Educação Profissional —, baseada na Pesquisa Nacional por Amostra de Domicílios.

extremamente engajada e mantendo contatos com as professoras de EJA desde que saiu dessa modalidade. Certamente, foi responsável por grande parte do nosso forte envolvimento com EJA.

Buscamos, também, informações com outra Pedagoga da Fumec, mestre pela Unicamp, ex-orientanda do professor Sergio Leite e autora de um dos capítulos deste livro. Sua dissertação de mestrado realizou-se na área da Educação de Jovens e Adultos e tratou de sua própria experiência docente em EJA. A Lucia possuía grande experiência de campo e estudos na área, além de informações e conhecimentos relevantes para auxiliar na busca.

Ambas as pedagogas consultadas indicaram a mesma professora da Fumec: essas indicações levaram-nos a conhecer a professora Maria.[3] A dupla indicação da mesma docente, a princípio, nos intrigou, pois as duas professoras não se conhecem e lecionam em bairros muito distantes. Instigados por muita curiosidade e interesse, estabelecemos contato com a professora Maria.

Após o primeiro dia de observação em sua sala de aula, concluímos que havíamos encontrado o que procurávamos: teríamos a oportunidade de descrever e analisar as práticas pedagógicas de uma professora com um excelente padrão de mediação pedagógica em EJA.

O período de observação de sala de aula durou seis meses, quando pudemos conhecer o trabalho da professora, o ritmo da sala, os alunos e observar como ela se relacionava com os alunos, identificando os vínculos afetivos.

Esse período inicial ocorreu sem filmagem, pois julgávamos que seria importante um tempo de aproximação para que, quando as filmagens se iniciassem, não causassem desconforto nos alunos. Esse período de observação foi um importante e interessante tempo de imersão, quando pudemos interagir com os alunos e com a professora, possibilitando uma maior compreensão do objeto de estudo. Além disso, pudemos levá-los a compreender que eles estavam contribuindo

---

3. Nome fictício atribuído à professora visando preservar sua identidade.

com uma pesquisa e não sendo avaliados. Essa ideia foi cuidadosamente construída nos inúmeros contatos que mantivemos com os alunos.

As filmagens tiveram início apenas no segundo semestre do ano de 2007, duas semanas após o reinício das aulas. Solicitamos à professora um tempo para conversar com os alunos sobre as filmagens. Explicitamos, com riqueza de detalhes, tudo o que se pretendia fazer: como seriam realizadas e quais eram seus objetivos.

A turma de EJA: multisseriada, multi-idades, multidificuldades...

A sala era multisseriada e manteve-se com número de aproximadamente 16 alunos, embora houvesse épocas com maior ou menor número. A professora aceitava matrícula em qualquer mês do ano e havia alunos que também desistiam em qualquer momento.

No lado esquerdo da lousa, ficavam os alunos das séries mais avançadas, ou ciclos, como se divide o ensino na Fumec; no centro da sala, ficava um senhor de muita idade em processo inicial de alfabetização; no canto direito, ficavam os alunos do que podemos considerar como séries iniciais; mais espalhados, no meio da sala, ficavam os alunos intermediários, que ainda estavam reforçando a aprendizagem da escrita, mas já liam, escreviam e faziam contas.

Tudo acontecia simultaneamente no espaço da sala de aula e a professora parecia estar em todos os lugares ao mesmo tempo. Os alunos realizavam atividades diferenciadas, na maior parte do tempo; a professora passava ininterruptamente de carteira em carteira oferecendo ajuda. Tudo era muito dinâmico e simultâneo.

Caracterização dos alunos: trajetórias múltiplas

Os alunos da professora Maria formavam um grupo extremamente heterogêneo: na sua maioria, adultos entre os 35 e 50 anos, dois jovens entre 20 e 30 anos, dois adolescentes e um senhor bem mais velho — 65 anos. Múltiplos também eram os objetivos e os motivos de cada aluno naquela turma, além dos caminhos percorridos até então. Seis alunos foram selecionados como sujeitos da pesquisa, designados como S1, S2, S3, S4, S5 e S6, respectivamente.

S1 era uma senhora, mãe de família e avó, com 50 anos e residente na cidade de Campinas-SP. Trabalhava em uma produtora e distribuidora de flores da região e estava matriculada na terceira série da turma. Viveu sua infância no interior do Paraná, no ambiente rural, e nunca havia frequentado a escola. Ingressou na turma no início do ano em que se deu a pesquisa. Em apenas um ano alfabetizou-se, aprendeu a fazer contas e atingiu domínio de conteúdos de ensino de terceiro ano escolar. Sua motivação para procurar a escola deveu-se ao fato de que havia conquistado cargo importante em seu trabalho pelos anos de dedicação e competência, e, com o cargo, veio a responsabilidade e a necessidade de mais conhecimentos — ela precisava aprender a ler e fazer contas.

S2 é uma adolescente de 16 anos, residente na cidade de Campinas-SP, onde morava com pais e irmãos. Aluna considerada pela professora em estágio final de desenvolvimento na sua turma, estava no nível mais avançado da classe. A professora intencionava, no início de 2007, que ela recebesse o diploma de 4ª série, no fim do ano, para ingressar no ensino regular posteriormente — o que, de fato, ela conseguiu.

S3 é um adolescente de 15 anos, residente na cidade de Campinas-SP com a mãe e irmãos. Foi considerado um aluno com defasagem de aprendizado no ensino regular e sua participação na turma da modalidade EJA estava sendo vista como tentativa de levá-lo a compensar as dificuldades de aprendizagem em sala. Tendo concluído até a quinta série no ensino regular, foi inserido na 1ª série pela professora.

S4 era um senhor de 47 anos que residia em Campinas-SP. Trabalhava com jardinagem e foi estimulado por um colega de trabalho a estudar assim que chegou do interior. Nunca havia frequentado a escola. Matriculou-se em agosto, estando na turma fazia apenas quatro meses.

S5 era um senhor de 43 anos que residia há dois anos em Campinas-SP. Frequentou a escola por pouco tempo em sua infância, no Maranhão. Como a escola rural onde estudava fechou e seu pai não tinha dinheiro para mandar os filhos estudarem na cidade, nunca foi alfabetizado. Tentou novamente mais tarde, no Piauí, mas também abandonou os estudos ainda no seu início. Trabalha há muito tempo como mestre de obras em outros estados. Em Campinas, continuou trabalhando no mesmo ramo, mas encontrou muitas dificuldades pelas novas exigências: ler e escrever, compreender os números e fazer contas. Assim, buscou a escola novamente. Encontrava-se em processo de alfabetização, mas o que mais lhe interessava era aprender a fazer contas.

S6 era uma mulher de 32 anos, solteira, residente na cidade de Campinas-SP, com os patrões e um senhor idoso de quem cuidava. Nasceu e cresceu no Nordeste, no ambiente rural. Iniciou os estudos uma vez, contra a vontade da mãe, que queria os filhos trabalhando no campo, mas abandonou ainda muito no início por motivo de doença. Veio para Campinas com os patrões, que a estimularam a estudar, pedindo que ela buscasse escolas e turmas na modalidade EJA, e também motivada pela vontade de ler as cartas do noivo, que ficou na cidade de Maceió-AL. Estava matriculada na primeira série, em processo de alfabetização.

Outros alunos acabaram participando das filmagens, mas não participaram das sessões de *autoscopia* por motivos diversos. Duas senhoras, donas de casa, buscavam a escola por realização pessoal, por desejo de saber, necessidade de ler, escrever, conhecer.

Os alunos, portanto, possuíam histórias muito diferentes, mas todos apresentavam grande interesse em aprender, à exceção do sujeito 3, o rapaz adolescente, que parecia obrigado àquela situação. No entanto, o histórico de cada um possibilitava entender o interesse pelas aulas: a turma apresentava-se extremamente participativa e dedicada às aulas e às atividades.

A escola e seu significado para o aluno adulto

O ponto comum que marca todos esses alunos participantes da pesquisa com relação à escola é o sentimento de não pertencimento. Seja por dificuldade de acesso, ou por impossibilidade de permanência, todos possuem sua trajetória de vida marcada por um sentimento dúbio: de um lado, o desejo de aprender a ler e escrever e, de outro, um sentimento de exclusão da escola.

Esses adultos, além de excluídos do processo de escolarização, eram marcados por uma ideia de que a escola não era o "lugar deles", pensamento manifestado por vários. Para esses alunos, retomar os estudos causava sentimentos controversos. Ao passo em que viam nessa retomada a oportunidade de conquistar algo que desejavam desde a infância, assumiam sentir vergonha do fato de irem para a escola em idade adulta. Reconheciam a escola como o espaço da infância.

Se observarmos a realidade das salas de EJA, frequentemente funcionam em escolas construídas para atender a população infantil, ou seja, possuem uma arquitetura pensada para crianças. Assim, as salas da EJA funcionam no período oposto ao das aulas regulares. Essa representação social não está expressa apenas na arquitetura, mas no imaginário da sociedade, o que agrava o sentimento do adulto de não pertencimento ao espaço escolar.

Somando-se o frequente sentimento de vergonha pela retomada dos estudos na idade não convencional, ao sentimento de estar em um espaço que não é dele, o aluno adulto enfrenta barreiras psicológicas que, aliadas ao cansaço cotidiano para ir à escola, vão intensificando o desejo de desistir dos estudos. Tais fatores parecem ser fortes determinantes dos altos índices de evasão observados.

Todos os alunos com os quais convivemos durante a pesquisa manifestaram que vivenciaram esses conflitos quando pensaram em matricular-se na EJA. Porém, ao chegarem à escola, sentiram-se acolhidos. Muitos narraram a forma como a professora os recebeu, pedindo que contassem um pouco de sua história, perguntando como chegaram àquela turma de EJA. Na sequência, os alunos partilhavam suas experiências e a professora seguia falando o quanto admirava a coragem e a força de vontade desses alunos, valorizando a atitude de voltar a estudar.

Dois sujeitos da pesquisa manifestaram, durante as gravações, que haviam feito tentativas em outras escolas da Fumec, porém desistiram. Os dois afirmaram que a acolhida da professora os fez sentirem-se valorizados pela decisão de retomar os estudos, tendo sido determinante para que comparecessem no segundo dia e continuassem o ano todo.

Características do aluno adulto: um sujeito ativo

Entendemos que o aluno adulto é um sujeito particular, com características psicológicas específicas construídas ao longo de sua história de vida. Inserido em uma sociedade letrada, científica e tecnológica, experimentou a proximidade com os conhecimentos escolares; porém, apenas na fase adulta é que está tendo a oportunidade de ter acesso real e aprofundado a esses conhecimentos. É um sujeito que busca conhecimentos socialmente valorizados, o que não pôde construir na idade escolar convencional.

Freire (1975) afirma que o ser humano, enquanto ser de relações, é capaz de, na organização reflexiva do seu pensamento, renunciar à condição de objeto, exigindo tornar-se o que é por vocação: sujeito. Tendo seus conhecimentos e opiniões valorizados, o aluno pode caminhar no sentido de tornar-se o sujeito ativo que é. Essa prática corrobora para o educando desvelar o mundo de opressão, mediante um caminho dialógico, por isso ativo e crítico, onde a opinião do educando é fundamental.

Chamamos atenção, em acordo com Freire (1975), para o fato de que esses jovens e adultos não são somente carentes ou sujeitos marcados por ausências. Eles são trabalhadores, são portadores de uma linguagem própria que expressa a sua realidade social ou de seu grupo, suas visões de mundo, suas leituras da realidade, seus sonhos e aspirações, desejos e necessidades. Esses jovens e adultos são portadores de culturas: do meio rural, da periferia, da vila, da origem étnica, da religião etc. Eles educam, cuidam de si e de outros, possuem múltiplos saberes, apesar de não possuírem os saberes propriamente escolares.

Indispensável considerar que os sujeitos adultos aprenderam a sobreviver em uma realidade regida pelo valor da escrita e dos conhecimentos científicos e tecnológicos, em que a escolarização significa a possibilidade de inserir-se e ascender socialmente: permite preencher fichas, ler documentos, usar a escrita como forma de perpetuar a memória, de obter informações, de comunicar-se. Esses sujeitos reconhecem perfeitamente o valor social da escrita, tanto quanto ou mais que qualquer pessoa escolarizada. Para as pessoas alfabetizadas é tão trivial o uso da escrita que, certamente, não imaginam o que seria viver sem fazer uso dela.

"É, um dia eu ia indo pra Campinas com o G. (filho) e eu nunca vi, eu num vi escrito lá e eu cansei de passar, mas era a mesma coisa que cego. Eu achei tão interessante, eu passei e escrito lá: [...]. Menina, eu passei lá, passo faz 20 anos lá, agora que eu fui enxergar isso!" (S1)

Adultos não escolarizados conhecem bem o uso da escrita, sabem para que serve, onde é usada e, provavelmente, o que deve estar escrito nos diversos tipos de texto que existem. Sabem que o jornal tem informações sobre os fatos e conhecimentos, que os livros têm histórias ou conteúdos, que os *outdoors* têm propaganda para venda de produtos. Isto significa que esses homens e mulheres apresentam um processo de letramento bastante avançado que deve ser reconhecido. Muitos criaram estratégias de leitura de símbolos, sinais, imagens, cores, números, que lhes permitem orientar-se no meio urbano e desenvolver suas atividades de trabalho, mesmo sem o domínio da leitura e da escrita. Eles também resolvem contas mentalmente, na maioria das vezes sem fazer uso das operações matemáticas formais.

Ao observarmos o trabalho com a EJA, percebemos que as ações pedagógicas devem envolver o reconhecimento dos diferentes grupos sociais que não são escolarizados e seus saberes, entendendo que esses sujeitos já construíram visões de mundo, já desenvolveram estruturas a partir das quais compreendem a realidade e sua própria inserção nela. Para Tfouni:

> [...] do ponto de vista cognitivo, não é adequado afirmar que indivíduos não alfabetizados que vivem numa sociedade letrada não possuem as características de raciocínio das pessoas alfabetizadas. (1988, p. 22)

Este seria o ponto de partida para qualquer prática educativa em EJA: educadores e educandos se reconhecerem enquanto sujeitos portadores e produtores de cultura, de saberes, de conhecimentos e raciocínios. Na sala de aula observada, tanto alunos como a professora compartilhavam suas experiências e trajetórias de vida, reconhecendo o lugar de onde falavam, a partir de suas histórias, das suas experiências, das suas crenças, desejos e aspirações. A partir desse processo de reconhecimento e valorização mútua, a escolarização pôde se tornar educação, vinculando-se aos processos sociais mais amplos, nos quais a escola constituiu-se no espaço privilegiado de reflexão acerca da vida: de todas as formas de organização humana, de como as sociedades se organizam para manter, ampliar e qualificar a existência humana, das concepções e valores que orientam o modo de ser e agir em sociedade, dos processos históricos, da ocupação do espaço geográfico, das relações sociais, das relações de poder, das diversas linguagens, do conhecimento do corpo físico, da aquisição da leitura e da escrita etc.

Os jovens e adultos daquela turma, assim como a maioria dos alunos adultos de nosso país, procuram a EJA porque querem saber assinar o nome, ler a placa do ônibus, ler o jornal, a Bíblia, escrever cartas, escrever recados, fazer contas no papel. Pudemos observar que os sujeitos adultos almejam muitas coisas; na sua maioria, estão plenos de desejos.

"Sempre tive, meu sonho era aprender a ler, a estudar, era isso. Agora posso viver esse sonho." (S6)

Ao atender os interesses e necessidades dos seus educandos, a professora dotava de sentido o processo de ensino-aprendizagem, motivando o aluno a manter-se nele. O trabalho com adultos passou mais pela construção de uma visão coletiva, congregando as necessidades do grupo, atendendo interesses/necessidades do coletivo. Isso exigiu a constituição de grupo, da instauração da solidariedade e compromisso com o outro, antes isolado em seus próprios pensamentos; exigiu aprender a ouvir e a falar, exigiu afeto, "querer bem", como diz Paulo Freire, desejar que cada ser humano possa ser o máximo de suas potencialidades. Quanto mais um aprende, mais o grupo inteiro cresce e desenvolve a reflexão crítica acerca do conhecimento do mundo.

Os alunos adultos buscavam desafios e soluções de problemas, que faziam diferença no cotidiano de suas vidas. Buscavam na escola conhecimentos para a realização tanto profissional como pessoal, e aprendiam melhor quando o assunto era de valor imediato.

(Sobre o motivo de querer aprender a ler.)
"Ah, é tudo, é fazer minha carta (de motorista), como eu falei no começo, é tirar minha carta, eu quero também, completude, eu quero coisas que não tive quando eu era criança, quando eu era jovem, agora depois de avó eu quero fazer!" (S1)

Era latente nos sujeitos a presença dessa aspiração profunda por conhecimentos escolares, principalmente por ler e escrever. Ao longo das observações, compreendemos que o aluno adulto aprende com seus próprios erros e acertos e tem imediata consciência do que não sabe e o quanto a falta de conhecimento o prejudica. Ao convivermos com esses alunos adultos, pudemos ter clareza de que, na educação dos adultos, o currículo deve ser estabelecido em função da necessidade dos estudantes, pois são indivíduos independentes que procuram na educação escolar benefícios para sua vida voluntariamente, necessitando encontrar o que buscam para sentirem-se motivados a permanecer.

Quem era a professora

Ao longo do trabalho de pesquisa, pudemos compreender que os vínculos afetivos foram ampliando-se e a figura da professora assumiu grande importância na relação de ensino e aprendizagem.

"Ah eu acho que ela (professora) é uma pessoa que, acho que ela tenta ensinar a pessoa mesmo assim, acho que ela tem uma paciência, eu falo assim, que eu estudei com outra professora, lá no M. G. (cita outra escola de Campinas), mais ela não explicava direito as coisas. Ela só passava, a gente resolvia, mandava levar pra casa, pra resolver em casa, aí chegasse no outro dia na aula e não tinha resolvido aí ela deixava passar, né. E aqui não, ela não deixa passar. Se nós continuar, o que nós não terminar hoje, nós vamos até terminar. Nunca deixa passar." (S5)

O empenho no trabalho com os alunos e a demonstração da professora de que se importava com eles tinham implicações altamente positivas: os alunos percebiam o quanto a professora estava envolvida e isso os levava a envolver-se ainda mais com o seu próprio processo de aprendizagem.

A professora demonstrava muito conhecimento sobre o sujeito adulto e sobre as suas necessidades. Primava por atividades voltadas para os alunos, planejando aulas voltadas aos seus interesses.

A professora também não recebeu formação inicial específica em EJA, mas informou ter buscado cursos de formação continuada ao longo de toda sua carreira docente, transformando-os no seu espaço de formação para a atuação na área, além de um trabalho de leitura e estudos de bibliografia pertinente, uma vez que sempre manteve-se próxima ao meio acadêmico e em contato com as produções escritas na área.

Para caracterizar mais especificamente a professora Maria, partiremos das concepções de Freire (1983), destacando entre as mais importantes características docentes: a valorização dos conhecimentos do aluno; a presença constante do diálogo; a atuação mediadora construtiva; a importância de criar um vínculo afetivo positivo.

Em sua prática, houve muitas atividades que envolviam a questão da expressão oral em sala de aula, por parte dos alunos, como meio de promover a participação nas atividades de ensino desenvolvidas. Era sempre presente a preocupação da professora em dar voz aos alunos, seja com perguntas durante as atividades, seja com questões sobre os conteúdos, ou invocando suas falas durante o transcorrer das aulas.

Porém, deve-se destacar que não era apenas em momentos aleatórios que a professora chamava os alunos a expressarem-se. A participação dos alunos encontrava-se planejada pela professora: suas opiniões, experiências e conhecimentos eram parte importante do desenvolvimento da atividade pedagógica. A escolha de textos, materiais e atividades era intencionalmente relacionada com temas ligados à história de vida dos sujeitos. Por isso, eles não apenas identificavam-se com o texto, mas eram levados a narrar sua realidade, de forma a se sentirem valorizados e participantes na atividade.

"É gostoso. Se ela dá liberdade, é muito gostoso, a gente sente assim também, sabe, que a gente é sabida, que a gente tá aprendendo, <u>a gente se sente alguém</u>." (S1)

A professora, invocando a narrativa dos alunos, tomava ciência de suas histórias de vida, suas experiências e seus conhecimentos. A partir dessa incursão no mundo do aluno, programava atividades de ensino que envolviam conteúdos ligados aos conhecimentos dos educandos, tendo isso como ponto de partida para expandir o arcabouço de saberes, partindo do conhecido para o novo. De acordo com Freire:

> O que tenho dito sem cansar, e redito, é que não podemos deixar de lado, desprezado como algo imprestável, o que educandos, sejam crianças chegando à escola ou jovens e adultos ao centro de educação popular, trazem consigo de compreensão do mundo, nas mais variadas dimensões de sua prática na prática social de que fazem parte. Sua fala,

> seu modo de contar, de calcular, de seus saberes em torno da saúde, do corpo, da sexualidade, da vida da morte, da força dos santos, dos conjuros. (1983, p. 72)

Essa prática também era usada pela professora para conhecer e diagnosticar o desenvolvimento, os avanços e dificuldades dos alunos, servindo como base para tomada de decisão:

"Que nem ela vai lá na lousa pra gente ler, eu acho que as vezes né, porque aquelas que a gente já consegue ler é um sinal que ela já vai vendo que a gente tá aprendendo, né... é, tem algumas que é um pouco difícil, né... [...] É, pra mim é bom. Quando eu não tô entendendo ela vai e explica, né. É bom, porque... ela explicando você já vai já, tem que ir tentando... indo embora, né? Outra vez tava muito difícil de ler... Eu acho... bom, eu penso assim, que ela percebe da gente... sabe, ficar demorando ler, aí acho que ela já percebe que a gente não tá conseguindo fazer." (S4)

Não apenas como diagnóstico, a prática de se expressar em sala servia como indicador para o próprio aluno que, através do seu desempenho e da reação da professora, percebia seus avanços.

Outra característica marcante e importante da atuação docente era a presença constante do diálogo, com linguagem e tratamento adequado ao público. Segundo Freire (1975), o diálogo é a confirmação conjunta do professor e dos alunos no ato comum de conhecer e reconhecer o objeto de estudo. Então, em vez de transferir o conhecimento estaticamente, como se fosse uma posse fixa do professor, o diálogo requer uma aproximação dinâmica na direção do objeto a ser conhecido.

> [...] o diálogo é uma exigência existencial. E, se ele é o encontro em que se solidariza o refletir e o agir de seus sujeitos endereçados ao mundo a ser transformado e humanizado, não pode reduzir-se a um ato de depositar ideias de um sujeito no outro, nem tampouco tornar-se simples troca de ideias a serem consumidas pelos permutantes. (Freire, 1983, p. 198)

Com relação à professora em questão, um dos aspectos mais destacados, por parte dos alunos, foi a frequência com a qual ela mantinha-se próxima de seus alunos e estabelecia, nessa proximidade, o diálogo. Tal postura instituía grande cumplicidade no processo de aprendizagem, sendo muito valorizada nas verbalizações dos sujeitos. Era fácil observar que a professora mantinha um diálogo construtivo como prática constante no ensino.

"Eu fico muito feliz. Eu me sinto assim... é... eu não me sinto transparente ali, eu sinto que eu tô ali e ela tá me vendo. Então, não me sinto assim, abandonada, eu me sinto.... muito bom, que ela tá dando atenção pra mim. É muito legal. [...]. Não tem explicação de tão... emoção. É gostoso, muito bom." (S1)

Os alunos perceberam esse diálogo como atenção, parceria, apoio e cumplicidade, sendo muito importante para a construção de um vínculo afetivo entre professora e alunos, que permitia uma construção conjunta do conhecimento.

A preocupação e valorização da realidade e dos conhecimentos dos educandos, o respeito que a professora demonstrava por eles e a atenção que dispensava eram fatores que levaram os alunos a desenvolver um vínculo afetivo muito positivo com a professora, entendendo que ela era alguém verdadeiramente preocupada com a aprendizagem deles e transformando-a em uma parceira confiável, uma cúmplice deles no ato educativo.

Pesquisadora: — Você acha que ela se preocupa por quê, então?
S3: — Pra eu me esforçar mais, aprender a ler, aprender...
Pesquisadora: — Você acha que é o que ela quer?
S3: — É!
Pesquisadora: — E o que te leva a pensar que é isso que ela quer?
S3: — Ela quer o melhor da gente. (S3)

Acompanhando a rotina da escola, no diálogo com coordenadora e demais professoras, soubemos que, nas reuniões da Fumec, a professora Maria militava em favor de seus alunos. Engajada e extremamente comprometida com seu trabalho, a professora era conhecida por sua competência em alfabetizar alunos adultos e pela boa relação que estabelecia, os vínculos afetivos que firmava com seus alunos que, mesmo após se tornarem ex-alunos, a procuravam.

A professora trabalhava, simultaneamente, com toda a diversidade de sua sala de aula, proporcionando um atendimento particular a cada aluno. Geralmente, chegava e distribuía folhas xerocadas diversificadas, atribuindo uma atividade específica para cada pequeno grupo ou mesmo para cada aluno; outras vezes, entregava folhas com a mesma leitura para todos e realizava leitura e discussão coletiva com a turma para, posteriormente, diversificar apenas nas atividades direcionadas para cada estágio de aprendizagem.

A aula transcorria com a alternância de momentos coletivos com momentos particulares de contato aluno-professora. Após leituras e discussões coletivas, ou aulas expositivas, ou explicações sobre a atividade a ser desenvolvida, a professora passava carteira por carteira ouvindo as dúvidas, corrigindo os erros, auxiliando nas dificuldades. Enquanto os alunos resolviam as atividades propostas, a professora atendia o aluno em estágio inicial de alfabetização, em atividades específicas, como demonstrar o som de cada fonema, mostrar o nome da letra, etc. Seguia auxiliando qualquer dificuldade de leitura dos alunos das séries iniciais, corrigindo os erros e tirando dúvidas.

Não apenas alunos, ex-alunos e colegas de profissão a respeitavam e valorizavam, mas toda a comunidade escolar, até mesmo a comunidade do bairro demonstrava grande reconhecimento pelo seu trabalho e valorizava sua atuação. Era uma pessoa conhecida e reconhecida por aqueles com quem convivia ou mesmo os que só a conheciam pela sua fama de professora apaixonada pelo seu trabalho.

A docente, por diversas vezes, enfatizou a falta de pesquisas e estudos na modalidade EJA e afirmou sua satisfação em poder colaborar com pesquisa na área, à qual se dedica há tanto tempo.

As práticas pedagógicas

Após expor características dos alunos e da professora em questão, podemos discutir as atividades de ensino. Durante a pesquisa, ao mesmo tempo em que nos aprofundávamos no conhecimento a respeito dos alunos e da professora, focávamos nosso olhar para as práticas pedagógicas. A organização das práticas pedagógicas em categorias gerou os núcleos temáticos, que destacamos anteriormente. Aqui, neste ponto, pretendemos enfatizar as especificidades das práticas pedagógicas que pudemos perceber como mais significativas para os sujeitos da pesquisa, compartilhando os conhecimentos que os núcleos nos permitiram construir.

Gostaríamos de nos dedicar a reflexões a respeito das atividades pedagógicas da professora Maria em sala de aula, as quais contribuíram para a construção da relação positiva dos sujeitos com os objetos de conhecimento.

Por atividade de ensino, entendemos a sequência da relação entre professor e aluno que envolve, geralmente, um primeiro momento instrucional, no qual ocorre uma explicação e descrição da atividade a ser desenvolvida. O segundo momento tem o foco mais especificamente na atuação do aluno que é esperada na atividade. O terceiro momento envolve o *feedback* do professor, onde este realiza a correção, permitindo uma finalização ou elementos para a continuidade do trabalho. É importante salientar que este é apenas um modelo teórico de análise para compreensão de aspectos e momentos da atividade geral de ensino. Na prática, os momentos não ocorrem, necessariamente, nessa ordem.

Sobre textos e materiais de ensino

A professora Maria primava pela contextualização dos conteúdos, pela clareza de sua utilidade e pelo ensino baseado em textos e materiais que causassem interesse e contextualizassem a proposta de atividade, de forma rica e motivadora.

Fator muito importante observado no trabalho da professora foi a preocupação em proporcionar aos alunos contato com diferentes gêneros de textos e materiais, sendo incessante a busca por apresentar novidades, o que é positivamente reconhecido pelos alunos.

"Como eu gosto... isso! Eu acho assim, que nem, eu acho importante porque eu gosto muito de novidade, então eu presto muita atenção [...] então eu acho, sempre eu gosto de novidade, que nem, vamos supor você entra assim num mato você fica, sabe, adivinhando, sabe, aquela coisa? Entra numa horta, ou então num shopping e fica admirando e coisa e tal. Então a mesma coisa assim é na aula. Sempre que eu acho uma coisa diferente eu sempre acho importante." (S1)

Percebemos que os alunos, mesmo tendo um tipo preferido de texto, apreciavam e desejavam a variedade nos textos e materiais. Eles assumiam como importante essa variedade para chamar e prender a atenção. Essa variedade causava uma postura de interesse por parte dos alunos e impedia uma monotonia ou desmotivação pelas aulas.

Dentre os diferentes textos, muito apreciadas eram as aulas onde a professora trabalhava músicas. Nessas aulas, ela primeiramente lia a letra da música, discutia as palavras desconhecidas, trabalhava o significado da canção, a mensagem que ela trazia e, posteriormente, convidava os alunos a cantarem juntos. Tratava-se, sempre, de músicas conhecidas e apreciadas pelos alunos e a professora sempre os fazia cantar, o que apreciavam com prazer notável.

"Ah, de música. [...] Ah... porque de música eu acho que é mais legal." (S2)

Outro tipo de texto muito apreciado pela turma em questão eram as fábulas. Diferentemente do que se pode imaginar, esse tipo de texto não era entendido como infantilizado devido à maneira como a professora o abordava, contando a partir da dramatização da narrativa e, posteriormente, pedindo aos alunos para recordarem a história de suas vidas na comparação com a fábula. Importante observar que a professora escolhia fábulas de forma intencional, baseada no conhecimento que tinha da história de vida dos seus alunos. Então, tratava-se de histórias selecionadas com o propósito de provocar a participação e os relatos dos alunos; partia-se do conhecimento sobre a vida e a realidade dos alunos para ocasionar a escolha de textos diretamente relacionados com sua história de vida, fazendo-os sentir-se parte importante e peça fundamental no transcorrer da atividade de ensino, quando eles contavam suas experiências e pontos de vista uns para os outros e para a professora. Por exemplo, ao narrar a fábula *Rato do mato e o rato da cidade*, a professora levou vários alunos a contar como era sua infância no campo, na roça, e como se deu sua mudança para Campinas, a cidade grande. Eram momentos nos quais eles narravam suas experiências de vida e participavam ativamente da aula, emitindo suas opiniões a respeito da mensagem da fábula na comparação com a história de vida deles. Assim, a fábula ganhava vida e significado.

"Eu gosto de história porque a gente fica mais entendendo a aula, entende mais as letras. Eu gosto quando ela conta essas historinhas porque a gente entende mais um pouquinho." (S6)

Outra prática muito comum da professora era a utilização de materiais diversos para o ensino de matemática. Era constante a prática de a professora trazer para a sala caixas de fósforo, garrafas pet, tampinhas e outros materiais. Tratava-se de uma prática que concretizava certas abstrações da matemática em atividades fisicamente palpáveis, facilitando a visualização e a compreensão por parte dos alunos.

"Ah, melhor quando... aprender como que é as caixinhas, como que fica, ver... [...] É, fica mais fácil." (S3)

Ainda neste sentido, a professora tinha o costume de planejar atividades com o dicionário. Não se tratava de simplesmente entregar o dicionário para que os alunos procurassem palavras aleatoriamente, ou uma lista de palavras, ou simplesmente o consultassem. Tratava-se do uso intencional do dicionário em atividades planejadas, com objetivos definidos e instruções claras, permitindo ao aluno compreender os motivos e objetivos da atividade e sua importância para o aprendizado.

"Aí tem também quando ela ajuda, né? Quando ela ajuda nós, teve uma aula que ela deu pra nós, você não viu essa aula que ela deu pra nós, ela deu uma aula de... tinha o nome, né, acho que tinha só o começo do nome e você tinha que lembrar, só que o nome que ela botou na tabela é diferente do outro que tava no dicionário, né? Aí ela deu pra cada um um dicionário e deu a letra pra procurar no dicionário o nome certo. Aí a gente pegou a letra 'A', né, no começo. A gente ia na letra 'A' e ia procurar aquela letra e botar a resposta certa." (S5)

Podemos perceber que o trabalho desta professora apresenta organização e continuidade lógica das atividades, notando-se uma intencionalidade clara nas propostas e objetivos no uso dos materiais. Assim, os alunos sentiam-se seguros, conseguindo identificar e compreender o rumo das aulas e o que estavam desenvolvendo na atividade proposta.

Outro ponto que deve ser mencionado é sobre as instruções claras para o uso do material selecionado. O que víamos nas falas dos alunos era o reconhecimento do uso de textos e materiais bem planejados, com intenção clara; os materiais eram a base para atividades desenvolvidas com apoio devido, por parte da professora, pois não bastava oferecer textos interessantes e dicionários sem antes explicitar como eles deveriam ser utilizados, além de fornecer auxílio aos educandos no momento de realização das atividades.

A motivação dos alunos com diferentes textos e materiais variados demonstrava que esse trabalho era muito importante, mas precisava ser bem planejado e direcionado visando às necessidades e grau de conhecimento dos educandos, sempre com o acompanhamento da professora, como pudemos observar nos relatos e nos momentos de observação em sala.

Com isso, percebíamos que os diferentes materiais, como os textos (fábulas, músicas, poesias, textos de jornal etc.), eram escolhidos e preparados cuidadosamente através de um plano de aula bem definido.

Sobre a prática de dar voz ao aluno em aula

Aqui, incluímos atividades que envolvem a questão da expressão oral, em sala de aula, por parte dos alunos, como meio de promover e participar da atividade de ensino em classe.

De forma geral, os sujeitos afirmavam que a professora estimulava muito a fala em sala de aula. Era sempre presente a preocupação da professora em dar voz aos alunos, seja com perguntas durante as atividades, seja com perguntas sobre os conteúdos, ou invocando suas falas durante o transcorrer das aulas. Porém, isto não ocorria apenas em momentos aleatórios ou por costume. A participação oral dos alunos foi planejada pela professora, sendo parte constituinte das atividades de ensino.

A ênfase na oralidade acontecia em momentos de leitura em voz alta, da lousa ou do caderno, na resolução de atividades por parte dos alunos para toda a turma, na narrativa e constante chamada da professora para que os alunos comentassem os textos e narrassem experiências de suas vidas.

Os relatos demonstravam o prazer que os alunos sentiam em expressar-se em sala. As atividades eram por ela programadas de forma a prever os relatos e intervenções dos sujeitos. A escolha de textos, com temas diretamente ligados à história de vida dos sujeitos, não se limitava a fazê-los ter identificação com eles, mas visava levá-los a narrar sua realidade, de forma a sentirem-se valorizados e participantes na atividade.

"É gostoso. Se ela dá liberdade, é muito gostoso, a gente sente assim também, sabe, que a gente é sabida, que a gente tá aprendendo, a gente se sente alguém. Isso, eu acho. Não só eu conto, mas eles (outros alunos) também contam que eles veio da outra cidade, que também mesmo de mais pobre lá era menos corrido, que também aqui em Campinas é corrido, estado de São Paulo, essas coisas. Então se ela dá a liberdade da gente conversar, isso é muito importante, sabe? Agora se ela não dá oportunidade aí a gente não vai perguntar, não vai falar nada, né? Que nem ela fala: 'é como na cidade assim, que a gente veio, que nem vocês da onde que veio? Conta pra nós o que que aconteceu de lá pra cá, se veio com serviço arrumado e coisa e tal'. Então eu acho assim muito importante, sabe? Porque ela abriu a oportunidade pra gente falar, ela deu liberdade, né? E se ela não fala assim a gente não tem liberdade..." (S1)

Devemos observar que S1 afirma que, se a professora não proporcionasse esse espaço, ela e os alunos não procurariam criá-lo, deixando claro como a mediação da professora nesse sentido foi indispensável. Nota-se que os estudantes aceitavam a cobrança por parte da professora, pois essa exigência passou a ser uma forma de valorizar o aluno e a sua participação no trabalho em sala de aula; da mesma forma, não cobrar ou deixar de incentivar os alunos poderia ser interpretado pelos educandos como um desmerecimento ou limitação das possibilidades de participar.

Outro aspecto a ser considerado é que os alunos não valorizam apenas o momento de suas falas, mas apreciam e sentem prazer em ouvir os outros companheiros de turma narrando suas experiências.

"Os outros contando, o jeito que eles, contam... o jeito que eles falam, assim... bonito de ouvir." (S3)

Muitos alunos valorizam a experiência dos colegas e aprendem com elas. Mas a prática de dar voz aos seus alunos em sala, por parte da professora, não é vista apenas como uma prática de valorizar os alunos, possibilitar autoestima positiva, levá-los a se auxiliarem mutuamente na aprendizagem, torná-los parte integrante da atividade e causar interesse, por tratar-se de suas histórias reais; essa prática também é usada, pela professora, na percepção dos próprios alunos, como meio de diagnosticar o desenvolvimento, os avanços e suas dificuldades. Servia como base para tomada de decisão, conferindo a possibilidade de dar maior atenção a pontos de dificuldade e superar aqueles onde já ocorreu desenvolvimento satisfatório.

"Que nem ela vai lá na lousa pra gente ler, eu acho que as vezes né, porque aquelas que a gente já consegue ler é um sinal que ela já vai vendo que a gente tá aprendendo, né... é, tem algumas que é um pouco difícil, né... [...]. É, pra mim é bom. Quando eu não tô entendendo ela vai e explica, né. É bom, porque... ela explicando você já vai já, tem que ir tentando... indo embora, né? Outra vez tava muito difícil de ler... Eu acho... bom, eu penso assim, que ela percebe da gente... sabe, ficar demorando ler, aí acho que ela já percebe que a gente não tá conseguindo fazer." (S4)

Podemos observar, através dos dados, a importância da prática de dar voz aos sujeitos em sala de aula, tanto na interação professor-aluno, quanto aluno-aluno, para uma aprendizagem prazerosa, que valoriza os alunos, seus conhecimentos e sua visão de mundo, destacando que a ausência dessa interação pode desmotivar os alunos e até comprometer a relação destes com o aprendizado dos conteúdos. Ao contrário, a expressão e participação oral dos alunos permitiam uma relação mais próxima e interessada com os conteúdos de ensino, ocasionando um envolvimento que resultava em melhor desempenho e maior satisfação nas atividades de ensino.

Sobre estabelecer ligações entre os textos e a vida dos alunos

É nítido, nas atividades de ensino, que a professora estabelecia, intencionalmente, uma conexão ou comparação entre o texto base e a vida dos alunos. Nessa prática, o momento central envolvia a narrativa do aluno sobre sua experiência particular relacionada ao texto, de forma contextualizada, diretamente relacionada com o cotidiano e a realidade da comunidade em que os alunos viviam.

No ensino tradicional, são comuns as práticas pedagógicas nas quais os conteúdos escolares são ensinados como tendo um fim em si mesmos, desvinculados de qualquer prática relacionada com a realidade dos alunos, o que torna a sua compreensão mais difícil e as aulas desinteressantes.

As práticas da professora seguiam diretamente no sentido oposto. Ela atuava dentro de uma proposta voltada para a contextualização dos conteúdos de ensino, buscando estabelecer conexões entre cada conteúdo e a vida cotidiana dos alunos, através de atividades bem planejadas, de textos geradores baseados em temas extraídos da realidade dos alunos, de discussões que davam a palavra ao aluno para que este explicitasse sua opinião e narrasse o que compreendia daquele conteúdo com base nos conhecimentos que já possuía. Significava, como disse a S1, "tirar o texto do papel" no sentido de extrapolar o conhecimento que o "papel" proporciona e conectá-lo com a vida real, trazer o conhecimento para a realidade tangível dos alunos, causando interesse e aumentando os níveis de desempenho. Essa prática facilitava a aprendizagem e estimulava os alunos.

> "Eu gosto. Eu gosto porque a coisa anda. Que nem, você fica naquela no papel, no texto, que nem, ela dá um texto e tem essa historinha e ela muda. É muito, eu acho muito interessante. É muito difícil, mas eu acho muito interessante, por quê? Porque a gente põe na mente da gente, abre na cabeça que é assim [...]. Então eu acho muito interessante, muito legal." (S1)

Ainda neste sentido, S1 destacou a importância do texto em paralelo com a história da vida deles, deixando claro que ambos têm importância, admitindo que a cultura escolar e a cultura dos alunos podem dialogar na construção de conhecimentos e que, juntas, só fazem somar benefícios para o processo de ensino-aprendizagem.

"Melhor pra gravar, pra ter na cabeça... porque, que nem, vamos supor, ela fala assim: 'gente, a gente conversou e tem um texto igual a vida real nossa, igual a sua que você acabou de contar, sua história, sua vida, é uma historia que você contou, mas só que é uma história real'. Você entendeu? Então aquela história se transforma assim, numa realidade, entendeu? Que nem, o texto que ela dá combina quase com a vida que a gente teve, que a gente tem, que a gente vai ter, você entendeu? (Indagada sobre o que é mais importante, texto ou contexto.) Os dois. Empata. Porque se não tem o texto não tem o assunto pra puxar a história da vida da gente, se não tem a história da vida da gente demora mais pra entender o que ela tá querendo explicar. Eu acho que os dois é importante." (S1)

S1 entendia que o que aprendia na escola colaborava para a sua inserção nas práticas reais de uso do conhecimento. As conexões entre a realidade dos alunos e o texto permitiam um melhor entendimento, além de proporcionar uma ampliação nas possibilidades da aprendizagem, pois o que os alunos compartilhavam extrapolava os limites do conteúdo, acarretando maiores indagações sobre as questões abordadas.

"É por que... tem coisas de novidade, né? Cada um teve uma novidade diferente pra falar, não é? [...]. É, ajuda assim, porque... é coisa que você, você vai relembrando também, né?" (S4)

Sendo assim, os alunos apropriam-se dos conhecimentos de maneira funcional, pois internalizam os conteúdos escolares de forma não apartada, mas profundamente imbricada nos seus conhecimentos anteriores e com uma relação próxima com sua realidade, possibilitando seu uso social.

Sobre momentos de explicação coletiva

Aqui observamos atividades de ensino desenvolvidas em sala de aula, onde a professora realizava uma instrução através de uma explicação coletiva para todos os alunos. Nessa prática, o momento central envolvia a explicação da professora sobre um texto ou um conteúdo específico de ensino. A diferença, nesse caso, era que, geralmente, nessa turma, as atividades eram direcionadas para cada aluno em seus diferentes níveis de escolarização, na mesma sala. Quando ocorria instrução para uma atividade coletiva, tratava-se de uma proposta onde a professora buscava unir a turma multisseriada em uma atividade coletiva comum.

Entendendo que toda atividade deve ser precedida de uma explicação que permita ao aluno ter clareza sobre os objetivos e sobre como proceder, a qualidade da instrução é fator determinante para o desenvolvimento adequado das atividades. Atividades bem planejadas e bem instruídas apresentam maior probabilidade de proporcionar bons resultados, enquanto uma explicação falha, que não garante a compreensão dos alunos, pode acarretar no fracasso da atividade, muitas vezes não por falta de conhecimento do conteúdo em si, mas por dificuldade de compreensão da instrução proposta.

"É bom quando ela explica pra gente fica mais sabendo, a gente entende mais o que ela fala, eu acho muito bom quando ela explica assim pra gente. Tudo que ela vai fazer..." (S6)

Assim, através dos relatos, foi constatada a existência de uma grande preocupação com a instrução para a realização das atividades propostas, o que permitia resultados positivos no desempenho dos alunos.

Mas os momentos de explicação de atividades coletivas não eram marcados apenas pela seriedade e preocupação, da mesma forma que não eram caracterizados por uma situação de tensão. Tanto nas explicações de conteúdos quanto nas instruções para atividades, como nas leituras propostas, sempre existia um movimento de proximidade e descontração por parte da professora, que dosava entre a seriedade, proximidade e cumplicidade com os alunos.

A título de exemplo, podemos citar que era comum a professora usar um texto gerador para a turma e, posteriormente, variar nas atividades, destinando um tipo específico de trabalho para cada aluno, em cada fase de desenvolvimento. Nesses momentos de trabalho coletivo, ela lia e discutia o texto com todos os alunos. Na situação de leitura, era frequente a prática da professora de contar as histórias dramatizando-as, fazendo um teatro da narrativa e interpretando os personagens: ela não apenas representava vozes variadas, mas movimentava-se ao realizar a interpretação.

"Ah, do que ela tava falando, que ela tava brincando com a gente e ao mesmo tempo ela tava explicando. Eu gosto. [...]. Ah, que a leitura fica mais bonita." (S3)

Percebíamos que a dramatização provocava um envolvimento com a leitura que facilitava a compreensão das informações. Durante esse tipo de leitura, a professora fazia comentários e brincava com os alunos, descrevendo situações engraçadas e buscando proporcionar-lhes diversão. Essa postura da professora promovia o interesse e causava prazer pela leitura e pela aula.

Sobre atividades na lousa

A prática de convidar os alunos para irem até a lousa era muito comum nas aulas da professora Maria e tal atividade foi referida por muitos como uma das preferidas, aquele momento que mais gostavam na aula. S2, quando indagada sobre o que mais gostava de fazer na escola, responde:

"Ir na lousa.[...]. É bom ir na lousa responder na lousa assim." (S2)

Eram momentos onde os alunos resolviam atividades, problemas, desenvolviam pequenos textos ou frases com o giz, na lousa. Nesses momentos, a professora posicionava-se próxima ao aluno e auxiliava-o na atividade. Outras vezes, pedia para os alunos, um de cada vez, realizarem a atividade na lousa para que ela pudesse corrigir não só a do aluno, mas também chamar a atenção de todos para a correção. Ao contrário de causar constrangimento ou desconforto por terem que se expor e, muitas vezes, serem corrigidos perante a turma toda, os alunos apreciavam muito esses momentos. S1 descreve que, a princípio, tais situações causavam-lhe ansiedade e um pouco de nervosismo, mas, com o tempo, com a sucessão dessas experiências, acabou por apreciar esses momentos e sentir muito prazer ao vivenciá-los.

"Nossa!!! Eu achei, que eu falei assim que parece que fica um trator trancado na cadeira! Porque me dá um gelo também. Um medo de não fazer certo, vergonha... mas depois eu falo: aqui tá todo mundo aprendendo, aqui tá todo mundo com a mesma intenção, então se eu estiver com vergonha as outras pessoas também estão, e vão ir lá também e agora eu já acostumei. [...] Ah! É muito... muito gostoso (ir na lousa). Muito importante quando a professora chama, porque é uma atenção, nossa! Eu acho que é até um elogio de tão gostoso! Eu me sinto. É simples, mas eu acho legal. Me sinto criança de novo. Você entendeu? Nossa... escrever na lousa..." (S1)

Outro aspecto importante dessa atividade é que os alunos valorizavam essa correção simultânea que acontecia durante a atividade realizada na lousa; relatavam que aprendiam muito com a correção que ocorria. Sentiam, também, que se tratava de um momento em que se esforçavam mais para realizar a atividade.

"Eu acho que o que eu mais gosto é quando ela manda a gente resolver na lousa. Que nem na lousa se a gente errar ela conserta. [...] Que lá eu penso, eu tento fazer, forço a cabeça até dar certo. [...] É, eu gosto de ir pra lousa. É onde pode aprender melhor. [...] Mas aí tem gente que acostuma na lousa, tem gente que acaba nervoso tendo outras dificuldades." (S5)

Apesar do risco de constranger, a professora era capaz de estabelecer uma situação na qual tal prática promovia um efeito positivo na autoestima dos alunos, que se sentiam valorizados por serem chamados ao quadro-negro.

Observamos que se tratava de uma prática que rompia com a tradicional organização espacial, em que a lousa, à frente da classe, é só do professor. Através dessa prática, alunos e professora apresentavam uma mobilidade que rompia com posturas hierárquicas que significavam muito no campo psicológico. O aluno sentia-se valorizado e participante ativo no processo de construção do seu próprio conhecimento.

Sobre atividades individuais no caderno

Deixar os alunos sozinhos em suas carteiras para as atividades individuais, planejadas e previamente orientadas, era uma prática em que foi possível observar vários aspectos importantes da atuação pedagógica da professora Maria, como estimular a autonomia dos alunos, levá-los a sentir-se capazes e propiciar a superação das dificuldades e inseguranças.

"Nossa, quando ela fez a primeira... como todo texto que ela dá, por mais simples que seja, quando ela coloca lá e faz primeiro e fala 'agora vocês que tem que fazer o resto' dá um frio... mas depois a gente vai, fica quietinho ali, matutando, ponhando na mente 'como que eu vou fazer?', né? Aí a gente resolve." (S1)

O aluno autônomo é capaz de se posicionar frente a uma situação de aprendizagem, elaborar meios de resolver os problemas como, por exemplo, procurar informações no caderno, texto ou livro, desenvolver raciocínios, pedir informações para superar um desafio. O aluno também aprende a estabelecer e seguir metas, desenvolvendo uma postura crítica e ativa na análise do seu próprio desempenho e das suas possibilidades de produzir e construir conhecimentos.

Percebia-se que estimular a reflexão, a autonomia e dar voz aos alunos estimulava a sua formação como sujeito pensante, reflexivo e atuante em seu processo de aprendizagem, sem, no entanto, diminuir a importância da atuação da professora.

"É porque assim que nem eu que tô começando, ela explica bem, né, mas sempre não dá pra pegar tudo, sempre tem dificuldade na hora de você escrever mesmo. Pra resolver sozinho. E, mas ela tem ensinado bem. Agora eu tô melhor. Difícil uma conta que eu não resolvo." (S5)

Apesar de esta prática visar estimular a autonomia e independência dos alunos, a professora mostrava-se sempre presente e solícita quando existia sinal de insegurança.

A professora, interessada em ajudar seus alunos a serem autônomos, atuava no sentido de prover situações que permitiam a participação e a interação deles frente a conflitos, problemas, através de perguntas que estimulavam o raciocínio, a reflexão e a expressão. Agindo assim, a professora tornava-se mediadora na constituição da autonomia desses alunos. Essa atuação rompia com a insegurança imposta por experiências anteriores e construía, aos poucos, uma confiança e uma independência, tendo a professora como parceira e não como figura de quem se mantém dependência. Tratava-se de uma parceria construtiva.

"É. Mas só que tem umas coisas que não dá pra fazer certo e eu faço, mas eu tenho dificuldade, e as vezes já não. [...] Na maioria das vezes é... ela deixa os outros fazendo lição, assim, aí fez a lição ela vem saber se tá tudo certo ou não, depois ela... se tiver certo, assim, aí ela vai fazendo outras coisas, daí vem, resolve... corrige..." (S2)

Assim, a professora conseguia organizar os trabalhos, planejando o tipo de atividade e a forma como ela seria realizada, de forma individual ou com a participação de todos os alunos. Da mesma forma, a professora detectava as dificuldades de seus alunos e os orientava no sentido de superá-las.

Sobre atividades usadas como diagnóstico

Observamos que diferentes atividades realizadas pela professora eram entendidas pelos alunos como forma de a professora diagnosticar o desenvolvimento da turma. Nessas práticas, o momento central envolvia a participação do aluno de variadas formas, para que a professora pudesse diagnosticar suas possibilidades de desempenho perante determinados conteúdos, visando a uma tomada de decisão posterior.

Durante o decorrer das observações em sala de aula, foi possível perceber que a professora desenvolveu intenso trabalho diagnóstico durante todas as atividades de ensino. Seu atendimento, praticamente individual e constante aos alunos, nos permitiu observar a existência de um mapeamento de dificuldades, que eram detectadas através de atividades, planejadas de forma direcionada para esse fim, ou não, sendo clara a preocupação constante da professora em reconhecer os pontos de dificuldade de cada aluno. Na realização de tal diagnóstico, a professora atuava de forma a detectar problemas e dificuldades, visando solucioná-los, ficando latente a crença na possibilidade de o aluno aprender a partir de erros. Os alunos, igualmente, percebiam e reconheciam tal esforço da professora. Indagado sobre o motivo de uma atividade de formar frases, S3 identificou que a intenção da professora era:

"Pra ver com o que que eu tava com maior dificuldade." (S3)

Essa avaliação diagnóstica acontecia de forma a não desvalorizar a produção e os conhecimentos dos alunos, mas transcorria como sendo um novo momento de aprendizagem. Neste sentido, a correção, sempre discutida com os alunos para solucionar seus desafios de aprendizagem, acabava por constituir-se em novo momento de descoberta e possibilidade de novas aprendizagens, ou seja, algo dinâmico e não estático. Os alunos percebiam esse processo dinâmico, valorizando a atuação da professora, que buscava avaliar o seu desenvolvimento e contribuir positivamente com ele.

"Ah, eu acho que daí é, ela tá fazendo um teste na gente, né? Vai vendo se a gente ta tendo algum desenvolvimento, né? Se já sabe fazer algumas, eu acho que tá certo, né?" (S4)

Era importante observar que, nessas atividades diagnósticas, os alunos eram continuamente estimulados a utilizar o conhecimento adquirido para situações diferenciadas. E era nessas situações diversas que a professora verificava se os conteúdos foram incorporados ao repertório de conhecimentos do aluno, representado por novas atitudes, novas formas de resolução, usando os conhecimentos adquiridos nas novas tomadas de decisão, na perspectiva do desenvolvimento da aprendizagem; as dificuldades apresentadas pelo aluno eram trabalhadas pelo diálogo sobre o que ainda necessitava de desenvolvimento. Nesse trecho de transcrição de uma das sessões de *autoscopia*, é possível observar como funciona essa dinâmica.

Pesquisadora: — Ah, tá. E por que você acha que a professora, quando vai ensinar pra vocês, ela mistura matemática e português?
S3: — Pra ver o que nós tá sabendo e o que nós não tá.
Pesquisadora: — Ah, você acha que assim ela consegue perceber?
S3: — É.
Pesquisadora: — E daí o que você acha que ela faz com isso?
S3: — Dá pra ver quem tá com dificuldade, se eu tô na matemática ou se é no português.
Pesquisadora: — Ahn... e daí quando ela descobre onde você tá com dificuldade, o que ela faz?
S3: — Ela vai lá e me ajuda. (S3)

Esse diagnóstico também se dava em situações de atividades nas quais o aluno demonstrava o conhecimento adquirido através de leituras formais ou informais, quando eram solicitados a ler pela professora, ou quando conversavam com ela. Sobre atividade de leitura na lousa, S4 diz:

S4: — Aí sente que já ta bem mais... vai mudando, né? Sinal que tá aprendendo já um pouco mais, né.
Pesquisadora: — Ah, então você acha que quando você lê em voz alta da lousa você consegue perceber que você tá aprendendo?
S4: — Isso! (S4)

Muitos progressos foram observados no processo: as habilidades em discernir as ideias principais do texto, em montar um texto coerente com começo, meio e fim, a interiorização de conteúdos, a assimilação da ortografia das palavras, a habilidade em perceber as regras gramaticais, a habilidade em trabalhar com o dicionário, a capacidade de realizar contas, entre outras. Nesse movimento, a professora percebia qual era o desenvolvimento dos alunos em relação a pontos específicos e decidia que atividade realizar para suprir as dificuldades, detectando os progressos para seguir com o processo de aprendizagem, no ritmo de cada um.

Sobre a fonética das letras do alfabeto

Uma das práticas da professora que pudemos observar era a de vocalizar as letras do alfabeto e os seus fonemas, enfatizando a sonorização e a articulação. Nessa prática, o momento central envolvia a professora enfatizando o som de cada letra.

Nas práticas da professora, o trabalho com o som das letras era muito intenso. Sempre que existia alguma dificuldade de escrita ela se posicionava bem próxima ao aluno, focava seu olhar nele, articulava com a boca e emitia o som da letra, pedindo que o aluno falasse o nome da letra que estava vocalizando.

"Porque quando ela faz o som com a boca ela já tá dando o sinal da letra, forma palavra pra gente fazer. [...] Força a memória, né." (S4)

A professora era reconhecida pelos colegas de trabalho como uma excelente alfabetizadora. Um dos aspectos mais marcantes do seu trabalho era justamente esta prática com a articulação de fonemas, de relacionar o som e o nome da letra. Este aspecto era reconhecido e muito valorizado pelos alunos. Indagado sobre o que mais gosta na explicação da professora, o S5 diz:

"Da explicação dela? É, da explicação dela o que mais gosto porque é o que mais ajuda um pouco é as palavras, né? As letras que... porque o jeito que ela faz do som da letra, eu acho que o importante é o som da letra, né? Pra gente aprender. [...] E tem muitas letras que a gente pensa que tem um som e é outro. Aí ela ensina bastante, aí é bom, que como fica vendo o som da letra, mais de uma palavra aí tem as frases mais ou menos... pode ser..." (S5)

Interessante notar que o trabalho da professora contribuiu para uma melhor compreensão de que os sons da fala podem ser representados pelas letras, que corresponde à descoberta de sua natureza alfabética. A professora valorizava o desenvolvimento da consciência fonológica no processo de alfabetização, levando os alunos a entender os sons da língua e as relações entre estes e as letras que os simbolizam.

Sobre o uso do caderno como meio de recordar

Era comum a professora pedir aos alunos para procurarem informações em seus cadernos. Geralmente, a professora entregava, no início da aula, textos (histórias, fábulas, músicas, poesias etc.), xerox de materiais didáticos, de livros etc., tabelas com informações, alfabeto, tabuada, entre muitos outros, para seus alunos. Após distribuir esses materiais, pedia para que tais folhas fossem coladas no caderno. Posteriormente, muitas vezes citava esse material, pedindo aos alunos que consultassem, por exemplo, a folha contendo todas as letras do alfabeto.

"É, algumas vezes eu procuro (na folha), né. [...] É bom, né. Porque a gente tem aquela folhinha desde o primeiro dia que ela falou pra gente que é muito importante a folhinha, né. E às vezes muitas letras a gente procura nela, né? Ajuda bastante." (S4)

Muitas vezes, ao ouvir perguntas dos alunos, a professora pedia para que eles procurassem a informação no caderno, afirmando que já estudaram isso. Sobre consultar o caderno, S3 diz:

"Ao mesmo tempo tá me ajudando que eu posso acertar na hora, ao mesmo tempo tá me atrapalhando que eu não posso aprender melhor." (S3)

Percebemos, por essa fala, que o sujeito assumia que procurar pela informação no caderno, ao invés de tê-la memorizado, significa que não está "aprendendo melhor". Entendemos "aprender melhor" como ter a resposta memorizada, pois os alunos valorizavam muito a questão da memorização. Ao contrário, observamos que o aluno, como não memorizava todas as informações de uma vez, obviamente, acabava por pedir a ajuda da professora, que, ao invés de dar a resposta e criar o habito de os alunos sempre buscarem nela a informação, pedia-lhes para procurar pela informação em seus próprios cadernos, gerando uma busca que contribuía para uma relação mais autônoma com o conhecimento em questão, além do sentimento de independência em relação à professora.

Os impactos das práticas pedagógicas

Pretendemos, agora, após expor os dados mais importantes gerados pela pesquisa, realizar breve discussão a respeito.

Ao nos aprofundarmos nos dados, entendemos que é importante recordar que recentes pesquisas do Grupo do Afeto anteriormente mencionado (Leite, 2006) estudaram a possível relação entre afetividade e a mediação do professor. Iniciaram direcionando o olhar especialmente para a relação professor-aluno, mas acabaram por demonstrar que a afetividade também se manifesta através de várias outras dimensões do trabalho pedagógico desenvolvido em sala de aula. Segundo Leite e Tassoni, "[...] é possível afirmar que a afetividade está presente em todos os momentos ou etapas do trabalho pedagógico desenvolvido pelo professor, o que extrapola a sua relação tête-à-tête com o aluno" (2002, p. 13).

Através das observações e da base teórica assumida, pudemos entender que, no convívio social, a experiência interpessoal possibilita o processo de elaboração e reelaboração de sentidos que organizam e integram a atividade psíquica dos participantes da relação. A interação social institui múltiplas possibilidades de significação, construídas no momento próprio da relação. Do ponto de vista psicológico, a dinâmica relacional não é simples nem linear. Existe, assim, uma dinâmica complexa entre o pessoal e o social, que só pode ser compreendida no contexto de mútuas e contínuas influências, o que faz surgir novas reorganizações a partir dos sentidos subjetivos que surgem em cada experiência vivenciada.

Ancorados nessas ideias, podemos perceber a importância de conceber o processo de ensino-aprendizagem como espaço de relação e interação humanas. Um grupo de alunos e seu professor estão imersos em diferentes possibilidades interativas. A despeito de desempenharem funções inerentes a papéis que lhes são reservados e tidos como esperados na instituição escolar, estão em processo contínuo de criação de significados que, por sua vez, podem gerar novas possibilidades de interação e conhecimento. Nesse processo, integram-se histórias de vida com inúmeras experiências e vivências, tornando-se presentes e se alterando sentidos subjetivos. Isso não quer dizer, contudo, que os que ensinam e os que aprendem percebam, a cada instante, o impacto que sofrem e causam um no outro. Há que se ter em conta, entretanto, que o professor planeja ações cujos objetivos realizam-se no aluno. Na esfera de ações do professor, existe um impacto no aluno que é intencional e esperado, e o planejamento e execução das atividades de ensino são os meios através dos quais o professor busca produzir esse impacto intencional.

Foi possível observar, nas relações professor-aluno, que os aspectos afetivos estavam marcadamente presentes e influenciavam o desenvolvimento cognitivo dos sujeitos. Com isso, inferimos que as interações que ocorrem no contexto escolar também são marcadas pela afetividade em todos os seus aspectos. Segundo Leite:

> Entendemos que as decisões sobre as condições de ensino, assumidas pelo professor, apresentam inúmeras situações com implicações afetivas para o aluno. [...] principalmente através de categorias de análise centradas nas posturas e conteúdos verbais, é possível supor que a afetividade também se expressa em outras dimensões do trabalho pedagógico desenvolvido em sala de aula. (2006, p. 31)

A partir dos dados, podemos afirmar que a afetividade constitui-se um fator de grande importância na determinação da natureza das relações que se estabelecem entre os sujeitos (alunos) e os diversos objetos de conhecimento (áreas e conteúdos escolares), bem como na disposição dos alunos diante das atividades propostas e desenvolvidas.

"Eu, na matemática, sei que é difícil. Às vezes eu erro alguma coisa assim, mas eu gosto da matemática. Eu gosto de quando ela (professora) passa continha de mais, de menos, eu esquento às vezes a cabeça com alguma coisa, às vezes por mais que às vezes eu fique ali, que eu sei fazer, mas às vezes eu faço ainda errado. Mas aí eu vou de novo, pergunto pra ela também, aí vai encaixando, mas é uma coisa que eu gosto de fazer." (S1)

A atitude observada da professora possibilitou a criação de um vínculo positivo entre aluno e o objeto de conhecimento, na qual as dificuldades não foram menosprezadas, mas trabalhadas e superadas, com sua parceria e cumplicidade.

As interações em sala de aula eram compostas por um conjunto complexo de variadas formas de atuação que se estabelecem entre as partes envolvidas, que são a professora e os alunos. Vimos que a atuação significativamente competente e compromissada da professora, que levou os alunos a desenvolverem-se e sentirem seu progresso, permitiu uma atuação interessada e participante dos alunos, que percebiam a importância do aprendizado e valorizavam o processo. Percebendo seu próprio progresso, os alunos foram, aos poucos, estabelecendo vínculos positivos com todas as áreas de conhecimento:

(Sobre qual matéria mais gosta de estudar.)
"Bom, eu acho que... todas é boa, né? [...] Que conforme que você vai estudando, cada uma que você estuda você vai assim, tem que ir aprendendo um pouco, né. Então pra mim eu acho que não faz diferença. Eu gosto de todas." (S4)

Segundo Leite e Tassoni (2002), o que se diz, como se diz, em que momento e por quê — da mesma forma que o que se faz, como se faz, em que momento e por quê — afetam profundamente as relações professor-aluno e, por consequência, acabam por influenciar diretamente o processo de ensino-aprendizagem, ou seja, as próprias relações entre sujeito e objeto. Nesse processo de inter-relação, o comportamento do professor, em sala de aula, através de suas intenções, crenças, seus valores, sentimentos, desejos, afeta cada aluno individualmente:

"Ajuda me explicando as palavras, explicando as historinhas, explicando tudo, tudo ela me explica. Acho que ela ajuda bastante, me ajuda bastante. (Indagada da importância dela, ou se conseguiria com outra professora.) Sem ela não. [...] Mas ali, ela tando ali, eu pego, as coisa são mais rápida, eu escrevo mais rápido quando ela tá ali. Ela me ajuda bastante." (S6)

Embora a escola seja um local onde o compromisso maior que se estabelece é com o processo de produção de conhecimento, pode-se afirmar que "as relações afetivas se evidenciam, pois a transmissão do conhecimento implica, necessariamente, uma interação entre pessoas. Portanto, na relação professor-aluno, uma relação de pessoa para pessoa, o afeto está presente" (Almeida, 1999, p. 107). O forte vínculo afetivo desenvolvido entre a professora e os alunos observados era latente e manifestava-se de diversas formas:

"Ela (professora) é minha amiga. Então eu tenho motivo pra estudar, pra poder, pra ficar... então é tudo isso." (S1)

Na sala observada, os alunos reconheciam nos gestos da professora a atenção, a paciência, o carinho, o empenho e a boa vontade com eles, reagindo positivamente a esse comportamento, valorizando a relação com a professora e criando vínculos afetivos fortes durante o desenvolvimento das práticas pedagógicas.

É importante destacar que a afetividade não se restringe apenas ao contato físico. Como salienta Dantas (1992), conforme a criança vai se desenvolvendo, as trocas afetivas vão ganhando complexidade. "As manifestações epidérmicas da 'afetividade da lambida' se fazem substituir por outras, de natureza cognitiva, tais como respeito e reciprocidade" (p. 75). Adequar a tarefa às possibilidades do aluno, fornecer meios para que realize a atividade confiando em sua capacidade, demonstrar atenção às suas dificuldades e problemas, são maneiras bastante refinadas de comunicação afetiva. Dantas (1992) refere-se a essas formas de interação como cognitivização da afetividade.

"Ela (professora) ensina tão bem, muito bem, mas minha cabeça... Porque quando eu tava aqui na outra classe aqui, não consegui... E eu não sabia quase nada... [...] Aí foi na classe dela (professora Maria) que eu aprendi alguma coisa, comecei a desenvolver mais com ela. (Indagada sobre o motivo de achar que agora estava aprendendo melhor.) Eu não sei, porque, ah, eu acho que a professora Maria, ela explica mais, tem um jeitinho mais paciente com a gente. Vem ao lado da gente e fica ali o tempo todo, quando a gente erra ajuda... eu aprendi mais alguma coisa com ela." (S6)

A atenção, a disposição para tirar dúvidas, a disponibilidade para responder perguntas, a proximidade no relacionamento, a postura prestativa, sempre disposta a auxiliar e mesmo as chamadas de atenção ganham significação afetiva na atuação com os adultos.

Esta mediação marcadamente afetiva, com um caráter significativamente positivo, influencia diretamente a relação que a professora estabelece entre os alunos e os objetos do conhecimento. Os alunos assumem a professora como alguém que "quer o melhor da gente" (S3), passando a valorizar positivamente os conteúdos envolvidos. Pode-se afirmar que a qualidade afetiva da mediação da professora, nas atividades pedagógicas desenvolvidas em sala de aula, permitiu a constituição de uma relação positiva dos alunos com conteúdos de ensino.

Neste sentido, é necessário ressaltar a importância da mediação pedagógica do professor: reafirmamos que a qualidade dessa mediação é um dos principais determinantes da relação que se estabelece entre o sujeito e o objeto de conhecimento. Portanto, práticas pedagógicas coerentes e bem desenvolvidas constituem condições necessárias para que os alunos desenvolvam, além de um bom domínio do conhecimento, uma relação afetivamente positiva com os conteúdos e práticas escolares.

Para encerrar...

Durante os estudos que compuseram esta pesquisa, observamos que, na história da EJA, muitos foram os planos educativos direcionados para a alfabetização de adultos, voltados para uma perspectiva de erradicação do analfabetismo. Porém, não houve uma ação afirmativa a favor da alfabetização de todos, tratando os homens e mulheres envolvidos nesse processo como sujeitos de direitos histórica e socialmente negados.

O papel do educador é facilitar a aprendizagem, enfatizando, nesse procedimento, a rica história de vida e de aprendizagens não escolares de seus educandos. Cabe a ele planejar atividades para ajudar todos os alunos a acreditar em si mesmos, demonstrando que a atitude de voltar a estudar em idade adulta não deve ser motivo de vergonha, mas de orgulho; auxiliar o aluno a identificar o valor e a utilidade do estudo em sua vida por meio de atividades ligadas a seu cotidiano, desenvolvendo aulas dinâmicas e estimulantes; valorizar os conhecimentos e as habilidades de cada um; promover o sentimento de grupo, pois quando se criam vínculos, os alunos sentem-se estimulados a participar das atividades.

Foi possível observar que as decisões assumidas pela professora observada, no que se refere às atividades de ensino, apresentaram caráter marcadamente afetivo, pois possibilitaram o envolvimento dos alunos adultos com os objetos de conhecimento, no caso, os conhecimentos escolares, provendo condições para seu sucesso, com claras repercussões na sua autoestima, um aspecto fundamental do desenvolvimento do aluno de EJA.

Como vimos, as práticas pedagógicas evidenciaram que, ao decidir pelos materiais culturais relacionados com a realidade cotidiana e com a história de vida dos alunos adultos, a professora possibilitou que o desenvolvimento fosse prazeroso para os sujeitos, uma vez que os materiais culturais utilizados possuíam significados compartilhados socialmente, fazendo parte do campo de significação do aluno. As atividades observadas previam oportunidades para o ensino do sistema de escrita em um contexto que incluía as práticas sociais de leitura e escrita, prevendo a participação dos alunos, que sempre tinham voz durante as atividades.

Destacamos que a presença constante da professora durante o desenvolvimento das atividades foi de suma importância para o desenvolvimento dos alunos. Sua presença traduziu-se em comportamentos de proximidade física, palavras de incentivo e elogio, dicas de como realizar a tarefa e momentos de correção. Este comportamento adotado pela professora foi valorizado pelos alunos como fundamental para o sucesso na realização das atividades. As relações entre professora e alunos foram frequentes, tornando a sala de aula local de trocas positivamente afetivas.

A mediação da professora, portanto, foi indispensável para o envolvimento dos alunos com o processo de aprendizagem. Foi através dessa mediação que os objetos de conhecimento ganharam significado e sentido. Assim, no campo da EJA, a figura do professor surge com grande importância na relação de ensino e aprendizagem. O aluno adulto aceita aprender com quem outorga confiança, conferindo-lhe o direito de ensiná-lo. Toda aprendizagem está impregnada de afetividade, já que ocorre a partir das interações sociais, em um processo vincular.

Observamos que existiu um refinamento nas trocas afetivas, em que posturas verbais e corporais ganhavam espaço. Foi comum encontrar, nas falas dos alunos, referências ao respeito, à colaboração, à valorização de cada um e ao desejo de compreendê-los e querer o melhor deles.

Tivemos a oportunidade de observar uma professora atuante, observadora, intérprete perspicaz das intenções, desejos e dizeres dos seus alunos. Ela mostrou-se preocupada em identificar os entraves que surgiam tanto na relação dos alunos com ela, como em relação às atividades e conteúdos. Muitas vezes, observando as posturas, os olhares, a qualidade dos gestos e a entonação na fala, foi possível inferir estados afetivos internos, intimamente ligados ao funcionamento dos processos cognitivos.

Em muitos momentos, nos comentários dos alunos, destacaram-se o desejo e o prazer em realizar a atividade. As formas de atuação da professora, assim como o tipo de atividade que planejava, foram os principais determinantes desses sentimentos manifestos por eles, colaborando para a construção da autoestima e da autoconfiança, influindo diretamente no processo de aprendizagem. Nesse sentido, podemos afirmar que as experiências vividas em sala de aula permitiram trocas afetivas positivas que não só marcaram positivamente o objeto de conhecimento, como também favoreceram a autonomia e fortaleceram a confiança dos alunos em suas possibilidades.

Os estudos acumulados nos permitem afirmar que a dimensão afetiva não pode mais ser ignorada e deve ser prevista no planejamento educacional, uma vez que a qualidade das interações e as decisões assumidas pelo docente, no planejamento e desenvolvimento do curso, promoveram repercussões marcadamente afetivas e constituíram um dos diferenciais, que pode transformar a aprendizagem em uma experiência de sucesso ou de fracasso. Isso é relevante em toda situação de ensino-aprendizagem, mas, especialmente, na modalidade EJA, em função, principalmente, da não obrigatoriedade, das dificuldades enfrentadas pelos alunos na tentativa de conciliar trabalho, responsabilidades e estudos, e da própria história de exclusão escolar que marca essa população.

Uma palavra final

A afetividade é parte integrante e constituinte de todo desenvolvimento humano. Não se trata de um anexo ou de um aspecto extra que pode ser positivo ou negativo: trata-se, primordialmente, de uma dimensão intrínseca ao homem em toda e qualquer atividade que ele vivencie. A dimensão afetiva está tão presente quanto as dimensões cognitiva ou motora, como lembra Wallon (1979). Porém, historicamente, a afetividade foi desconsiderada na prática educacional, frequentemente vista como um empecilho ao pleno desempenho intelectual da racionalidade humana — esta sempre supervalorizada.

Foram séculos de supremacia da razão sobre a emoção. Tarefa ingrata é defender posição contra o que está arraigado no imaginário social humano de forma tão profunda. Porém, cada vez mais, as pesquisas comprovam a inexistência de vivências puramente cognitivas, ou puramente motoras, ou, igualmente, puramente emocionais. Todos os aspectos atuam mutuamente, continuamente, no ser humano. A dimensão afetiva está tão presente em toda e qualquer atividade quanto as demais. Existem, sim, os momentos de predominância entre uma e outra, porém nunca podemos falar na ausência de qualquer uma delas.

Assumimos que a compreensão da indissociabilidade da afetividade nas práticas pedagógicas nos permite compreender que esta dimensão é um fator determinante da relação sujeito-objeto, podendo tornar o aprender uma relação de aproximação ou, lamentavelmente, de afastamento com os objetos de ensino, dependendo da qualidade e intensidade dos afetos envolvidos nesse processo.

Referências bibliográficas

ALMEIDA, A. R. S. *A emoção na sala de aula*. Campinas: Papirus, 1999.

BEZERRA, A. et al. Alfabetização de adultos. *Cadernos de Educação Popular*. Petrópolis: Vozes, 1985.

BODGAN, R.; BIKLEN, S. *Investigação qualitativa em educação*: uma introdução à teoria e aos métodos. Portugal: Porto Editora, 1991.

DANTAS, H. Afetividade e a construção do sujeito na psicogenética de Wallon. In: LA TAILLE, Y.; DANTAS, H.; OLIVEIRA, M. K. *Piaget, Vygotsky e Wallon*: teorias psicogenéticas em discussão. São Paulo: Summus, 1992.

DI PIERRO, M. C. Notas sobre a definição da identidade e das políticas públicas de educação de jovens e adultos no Brasil. *Educação & Sociedade*, Campinas, v. 26, número especial, out. 2005.

DONADON, D. G. *Educação de jovens e adultos*: a dimensão afetiva na mediação pedagógica. Dissertação (Trabalho de Conclusão de Curso) — Faculdade de Educação, Universidade Estadual de Campinas, Campinas, 2009.

FREIRE, P. *Educação como prática da liberdade*. Rio de Janeiro: Paz e Terra, 1975.

______. *Pedagogia do oprimido*. 12. ed. Rio de Janeiro: Paz e Terra, 1983.

______. *Pedagogia da autonomia*. Rio de Janeiro: Paz e Terra, 1996.

HADDAD, S.; DI PIERRO, M. C. Escolarização de jovens e adultos. *Revista Brasileira de Educação*, n. 14, maio/ago. 2000.

______. *Diretrizes de Política Nacional de Educação de Jovens e Adultos*: consolidação de documentos 1985/94. São Paulo: [s.n.], 1994.

LEITE, S. A. S. (Org.). *Afetividade e práticas pedagógicas*. São Paulo: Casa do Psicólogo, 2006.

______; TASSONI, E. C. M. A afetividade na sala de aula: as condições de ensino e a mediação do professor. In: AZZI, R.; SADALLA, A. M. F. A. (Orgs.). *Psicologia e formação docente*. São Paulo: Casa do Psicólogo, 2002.

PAIVA, V. P. *Educação popular e educação de adultos*. 4. ed. São Paulo: Loyola, 1987.

RIBEIRO, V. M. M. *Educação para jovens e adultos*: proposta curricular — 1º segmento (texto final). São Paulo: Ação Educativa; Brasília: MEC, 2001.

SILVA, M. P. P. *A formação do cidadão na educação de adultos*. 1997. Dissertação (Trabalho de Conclusão de Curso) — Faculdade de Educação, Universidade Estadual de Campinas, Campinas, 1997.

SOARES, L. G. *Educação de jovens e adultos*. Rio de Janeiro: DP&A, 2002.

TFOUNI, L. V. *Adultos não alfabetizados*: o avesso do avesso. Campinas: Pontes, 1988.

VYGOTSKY, L. S. *Pensamento e Linguagem*. São Paulo: Martins Fontes, 1993.

______. *A formação social da mente*. São Paulo: Martins Fontes, 1998a.

______. *O desenvolvimento psicológico na infância*. São Paulo: Martins Fontes, 1998b.

______. *A construção do pensamento e da linguagem*. São Paulo: Martins Fontes, 2000.

WALLON, H. *A evolução psicológica da criança*. Lisboa: Edições 70, 1968.

______. *Do acto ao pensamento*. Lisboa: Moraes Editores, 1979.

Relação entre práticas pedagógicas e práticas de letramento em EJA

*Flávia Regina de Barros**

"... Aprender a ler, a escrever, alfabetizar-se é, antes de mais nada, aprender a ler o mundo, compreender o seu contexto, não numa manipulação mecânica de palavras, mas numa relação dinâmica que vincula linguagem e realidade."

PAULO FREIRE

Frequentemente, temos a oportunidade de presenciar jovens e adultos analfabetos tentando desvendar o mundo escrito, driblando as dificuldades do dia a dia, para sobreviver numa sociedade letrada. Esses indivíduos concretizam de forma efetiva a busca pelos seus direitos quando passam a frequentar as classes de alfabetização ou de formação continuada, para ter acesso aos saberes sistematizados pela escola, resgatando um direito perdido enquanto criança ou exigindo, enquanto adulto, a sua efetivação.

* Pedagoga. Mestre em Educação pela Faculdade de Educação da Unicamp. Diretora de escola da rede municipal de ensino de Amparo (SP).

Observando a realidade escolar, notamos que muitas pessoas que não frequentaram escolas, na infância, submetem-se às atividades escolares e à educação formal na adolescência ou na maturidade. Adolescentes e adultos matriculam-se nas escolas de Educação de Jovens e Adultos (EJA) para serem alfabetizados ou para completarem o ensino fundamental do primeiro ciclo.

Os jovens e indivíduos adultos têm se submetido à rotina escolar, nessa época de suas vidas, principalmente, devido a fatores como a necessidade de conseguir um novo emprego ou a garantia de permanência nos empregos que já possuem. Os treinamentos e capacitações oferecidos pelas indústrias, pequenas empresas ou serviços públicos, requerem de seus colaboradores a habilidade mínima de leitura e escrita.

Dados do Instituto Paulo Montenegro, em parceria com a ONG Ação Educativa, vinculada ao Instituto Brasileiro de Opinião Pública e Estatística (Ibope), divulgados em 2003, tratavam de resultados de uma pesquisa feita por amostragem (2000 pessoas, entre 15 e 64 anos), em que se estudaram as habilidades de leitura e escrita da população, dentre outros aspectos, a fim de conhecer o grau de alfabetismo funcional nesta amostra da população brasileira. Conforme citado nesse trabalho, o conceito de alfabetismo funcional referese atualmente à "pessoa que é capaz de utilizar a leitura e a escrita para fazer frente às demandas de seu contexto social e usar essas habilidades para continuar aprendendo e se desenvolvendo ao longo da vida." (Ribeiro, 2003, p. 4). Seus resultados demonstraram que 9% da população verificada não é alfabetizada ou é considerada como analfabeto absoluto. Dentre a parcela que desenvolve práticas de leitura e de escrita, em situações cotidianas, foi necessário subdividir em três níveis: os que têm capacidade de localizar informações explícitas em textos muito curtos (31%), um segundo nível com os que têm capacidade de localizar informações em textos curtos e médios, mesmo que a informação não esteja explícita (34%), e o terceiro — aqueles com capacidade de relacionar partes do texto, comparar, realizar inferências e sínteses (26%). A pesquisa demonstrou que habilidades básicas de leitura e escrita estão muito desigualmente distribuídas na população e que tal desigualdade está associada a outras formas de desigualdade e exclusão social. Mostra, também, que as pessoas analfabetas relacionam-se com o mundo letrado de diversas formas.

Sabemos que, ao contrário da criança que leva para a escola uma experiência reduzida, o adulto não escolarizado, ao procurar uma classe de alfabetização, já detém grande experiência de vida, já sabe a falta que faz a escrita e a leitura quando precisa assinar e ler documentos, enviar ou receber correspondências, ler placas, avisos, nomes de ruas e de lojas ao andar pela cidade, identificar nomes e preços de mercadorias ao fazer compras etc. Ele já sentiu também a vergonha da discriminação ao ter que colocar a impressão digital no lugar da assinatura e a angústia da dependência, ao ter que pedir a alguém para ler ou escrever as cartas, ou dizer-lhe o nome do ônibus que deseja tomar ou da loja onde pretende comprar algo. Por isso, o adulto sabe por que quer ir para a escola e o que quer aprender nela. Esse anseio/necessidade gera, no aluno adulto, expectativas quanto à intervenção da escola na sua busca de domínio das práticas de leitura e escrita.

Diante da realidade exposta, apresentamos alguns questionamentos: o que, afinal, os jovens e adultos leem e escrevem quando voltam à sala de aula, em busca de oportunidades de aprendizagem? Estarão essas experiências correspondendo às suas necessidades e, principalmente, às suas possibilidades como leitores, trabalhadores e cidadãos? Que práticas educativas podem transformar as condições de letramento desses alunos jovens e adultos, ou seja, tanto aumentar e inovar habilidades de leitura e escrita quanto suas disposições para utilizar tais habilidades na vida cotidiana?

A necessidade de responder a estas inquietações despertou nosso interesse em desenvolver uma pesquisa, cujo objetivo foi descrever e analisar as práticas pedagógicas de uma professora atuante na Educação de Jovens e Adultos (EJA) e verificar seus impactos nas práticas de letramento dos seus alunos. Os resultados dessa pesquisa são a base para a escrita deste capítulo.

Ressalta-se que buscamos descrever práticas de profissionais docentes que obtiveram sucesso no envolvimento de jovens e adultos com atividades de letramento, objetivando-se traçar caminhos que possibilitem inspirar outros docentes que atuam na modalidade EJA.

Descrevemos e analisamos práticas pedagógicas de uma professora que compreendeu que, para um indivíduo tornar-se de fato um usuário da leitura e escrita, é preciso mais do que o conhecimento dos códigos, das letras. Cabe à escola colaborar para a formação do aluno como um cidadão letrado, habilitando-o a usar a escrita em atividades comunicativas e culturais e compreender o mundo de forma crítica e autônoma para, assim, inserir-se diferencialmente na sociedade tecnológica e ampliar o seu exercício da cidadania.

Mostra-se relevante, então, o aprofundamento deste tema e a divulgação das informações sobre ele, para que os educadores possam enriquecer sua prática e explorar alternativas pedagógicas centradas nos usos sociais da escrita.

Neste sentido, o presente texto pode contribuir para evidenciar a importância deste tema, a partir da ampliação teórica dos conceitos de *alfabetização* e *letramento*, assim como sua relação com a educação de jovens e adultos. O desenvolvimento de pesquisas como esta se faz urgente, pois, a partir delas, será possível contribuir com mudanças nos altos índices de *analfabetismo funcional*, que limitam direitos e comprometem o pleno exercício da cidadania de uma significativa parcela da população.

Devemos considerar que o aluno que busca a escola tardiamente para alfabetizar-se é um indivíduo que já participa de uma sociedade letrada, cujas necessidades de se adaptar às tecnologias de comunicação e informação, modos de viver, trabalhar, organizar o tempo e o espaço são urgentes. Desta forma, a escola deve valorizar essas peculiaridades e tomá-las como motivos básicos para o desenvolvimento do aprendizado.

A pesquisa

A pesquisa foi realizada em um município do interior do Estado de São Paulo e, como já destacado, a nossa intenção era observar uma professora que, reconhecidamente, trabalhasse de forma adequada com a alfabetização de adultos na perspectiva do letramento. Portanto, a escolha de uma professora que atendesse a esses requisitos era um fator determinante para a realização da própria pesquisa.

No início do segundo semestre de 2008, iniciamos os primeiros contatos na tentativa de encontrar uma professora de EJA com esse perfil: que fosse reconhecida como uma profissional competente pelos membros da comunidade escolar em que desenvolve seu trabalho e que fosse identificada, através da observação de suas práticas pedagógicas, a existência de um projeto de alfabetização na perspectiva do letramento.

Em um primeiro momento, respeitando a sequência hierárquica, realizamos um contato com a secretária de Educação do município, para quem apresentamos o projeto de pesquisa. Além disso, entregamos uma carta que continha um pedido de autorização para que pudéssemos visitar as salas de educação de jovens e adultos do município.

Nessa conversa inicial, em que uma das supervisoras de EJA também estava presente, esclarecemos exatamente o perfil de professora que buscávamos e explicitamos a importância das observações iniciais em sala de aula.

De uma forma muito amistosa e receptiva, as profissionais descreveram brevemente sobre a situação da EJA no município e fizeram alguns comentários no sentido de quais professores apresentariam as características citadas. A secretária autorizou nossas visitas e também colocou-se, ela ou a supervisora, à disposição para esclarecer quaisquer eventuais dúvidas.

Com a autorização da secretária, realizamos observações preliminares em salas de aula, em diferentes escolas. Antes de cada visita a uma sala de aula, realizávamos um contato inicial com o diretor da escola e com a própria professora.

O município conta com seis escolas que atendem a Educação de Jovens e Adultos. Visitamos somente quatro delas pelo fato de as outras duas localizarem-se na zona rural, lugar de difícil acesso. Esse período de observação nas escolas durou cinco meses, onde pudemos observar e analisar a forma de trabalho de cada professora.

Após algumas visitas nas escolas, quando realizávamos observação das práticas pedagógicas que as professoras desenvolviam, o seu envolvimento e comprometimento com o trabalho pedagógico, além das conversas informais a respeito das suas concepções de alfabetização e letramento, identificamos duas professoras que, aparentemente, se adequavam ao perfil definido.

Como um possível sujeito da pesquisa, foi apresentada, a uma delas, a proposta de realização da pesquisa em sua sala de aula no próximo ano; porém, a professora informou não ser efetiva e que havia possibilidades de não lecionar naquela escola no ano seguinte.

Contatamos, então, a outra professora, que foi justamente aquela inicialmente indicada pela secretária de Educação e pela supervisora como sendo uma excelente docente, comprometida com seu trabalho, competente, querida e reconhecida pela comunidade escolar.

Docente da EJA no período noturno e diretora de uma escola municipal durante o dia, a referida professora era muito experiente e já trabalhava com a alfabetização de adultos desde 2004.

Em uma conversa preliminar com a professora, pudemos apresentar os objetivos da pesquisa, a sua metodologia e tudo o que pretendíamos fazer. Muito interessada pela proposta, a docente prontamente concordou em participar da pesquisa, permitindo que estivéssemos presentes em suas aulas semanalmente.

Dessa forma, no início do primeiro semestre de 2009, iniciamos as visitas para coleta de dados.

Inserção na sala de aula

A professora, muito tranquila com a nossa presença, recebeu-nos de forma acolhedora, apresentando-nos à turma, esclarecendo sobre a nossa permanência na sala de aula, valorizando a pesquisa, explicando para os alunos a importância de sua realização. Durante todos os meses que se passaram, a professora sempre foi extremamente solícita e atenciosa, provendo-nos com todas as informações necessárias.

Durante as primeiras semanas, a professora enfrentou algumas dificuldades, pois estava com uma sala de 27 alunos, variando entre os níveis de 1ª à 4ª série. A sala, com essa quantidade de alunos e em situações de aprendizagem tão diferentes, impedia que a professora os atendesse de forma adequada. Juntamente com a coordenação e direção da escola, solicitaram que a classe fosse dividida. Com a divisão, a professora ficou com uma sala de 15 alunos, dos quais 13 permaneceram até o final do semestre.

Assistíamos às aulas duas vezes por semana. A organização física da sala não era rígida. Alguns preferiam sentar-se sozinhos, outros em duplas ou trios. Algumas vezes, a professora pedia para que se organizassem em círculos.

A professora trabalhava com toda a diversidade da sua sala de aula, proporcionando, simultaneamente, um atendimento particular a cada aluno. Em toda aula, realizava leitura e discussão coletiva com a turma para, posteriormente, diversificar as atividades direcionadas aos alunos de cada estágio de aprendizagem.

Os alunos participavam ativamente e tinham constante *feedback* da professora. Pareciam à vontade para se expressarem e emitirem comentários, enquanto ela mostrava-se muito receptiva e atenciosa com a solicitação deles. Proporcionava atividades diversificadas, relevantes e relacionadas com o cotidiano dos alunos. Além disso, a relação entre eles era marcada pelo respeito recíproco.

Alternando momentos de atividades coletivas com momentos de atividades individuais, a professora, constantemente, percorria a sala de aula, passando pelas carteiras, ouvindo as dúvidas, corrigindo os erros, auxiliando nas dificuldades, principalmente com os alunos em estágio inicial de alfabetização.

Com o passar das semanas, começou a se estabelecer uma aproximação dos alunos conosco, através de perguntas e apresentação das atividades realizadas. Esse processo de estabelecimento de uma relação de confiança foi fundamental para a situação posterior de entrevistas, quando os sujeitos sentiram-se mais à vontade diante de alguém com quem estavam acostumados a conversar.

A coleta de dados

Para alcançar os objetivos propostos na pesquisa, era fundamental que o processo de coleta dos dados contemplasse tanto a dinâmica interativa de sala de aula, as práticas pedagógicas, com ênfase na mediação do professor, como também a participação dos alunos envolvidos, incluindo suas opiniões a respeito dessas interações e das práticas de letramento.

O processo de coleta dos dados foi organizado através de dois procedimentos:

a) Sessões de observação em sala de aula, com anotações em diário de campo e gravação em áudio, registrando-se a descrição das práticas pedagógicas realizadas pela professora;

b) Entrevistas individuais audiogravadas, com todos os 13 alunos, visando coletar dados sobre suas práticas sociais com a leitura e escrita, nas situações cotidianas, antes e durante o processo escolar.

Para as sessões de observação, optamos por realizar a audiogravação das práticas pedagógicas, além do diário de campo, a fim de obter maior detalhamento das atividades. As práticas pedagógicas são entendidas aqui como as atividades de ensino desenvolvidas em sala, que constituem momentos de interação professor-aluno, com objetivos específicos, nos quais podemos identificar o tipo de instrução dada pelo professor, o envolvimento do aluno no desenvolvimento da atividade e as intervenções do professor como consequência à produção do aluno — o *feedback*.

De acordo com Bogdan e Biklen (1994), o observador deve tentar interagir com seus sujeitos da forma mais natural possível, visando a uma relação motivadora. Durante as sessões de observação, mantínhamo-nos no fundo da sala, em uma posição que possibilitava uma visão panorâmica da turma. Todas as atividades de leitura de textos, instruções para a realização das atividades, a própria realização das atividades, sua correção, tudo era audiogravado e registrado no diário de campo.

Segundo Lüdke e André (1986), no diário de campo é possível registrar dois tipos de materiais, sendo um descritivo e outro reflexivo: o primeiro descreve detalhadamente o ocorrido em campo e observado pelo pesquisador; o segundo inclui inferências pessoais sobre o material descrito.

Nesse sentido, a observação e os registros das gravações de áudio foram complementados com as referidas anotações inferenciais, no diário de campo, durante todo o procedimento de coleta de dados, o que possibilitou informações adicionais sobre as situações focadas. Assim, as anotações do diário de campo incluíram as nossas observações e impressões pessoais, mantendo reunido o conjunto de informações que, posteriormente, foram analisadas.

Com o decorrer das sessões de observação, saímos, em vários momentos, do lugar onde nos sentávamos. A professora passou a solicitar que percorrêssemos as carteiras dos alunos e observássemos suas produções. Os alunos, agora mais desinibidos, mostravam-se entusiasmados nas atividades.

O segundo procedimento de coleta de dados compreendeu a realização de entrevistas com os alunos. Estas foram realizadas em uma das salas de aula que ficavam desocupadas e ocorreram sempre durante o horário de aula dos sujeitos, dado que não poderiam comparecer em outros períodos. A professora assentia a ausência dos sujeitos para participação na pesquisa.

Procuramos combinar previamente com os alunos os horários de aulas em que estariam mais disponíveis para que eles não fossem prejudicados.

As entrevistas ocorreram em sessões individuais. Na primeira, inicialmente, descrevíamos, novamente, o objetivo da pesquisa. Avisávamos que todas as informações que o sujeito fornecesse eram importantes. Na sequência, apresentávamos o documento com a autorização para a gravação da entrevista e utilização das informações ali geradas para a realização da pesquisa, assegurando o anonimato dos sujeitos. Todos consentiram com a utilização dos dados das suas respectivas entrevistas, assinando o Termo de Consentimento Livre Esclarecido.

Foram elaborados três roteiros de entrevistas. A entrevista inicial foi realizada no mês de março com o intuito de caracterizar os sujeitos quanto à idade, estado civil, número de filhos, profissão, naturalidade, motivos da migração (no caso dos alunos oriundos de outras regiões do Brasil), trajetória escolar, bem como obter informações a respeito de suas práticas sociais cotidianas de leitura e escrita e a importância que atribuíam a elas.

A segunda entrevista, realizada no mês de maio, foi complementar, a fim de aprofundar os dados da entrevista inicial e investigar os motivos pelos quais os sujeitos voltaram a estudar, o que liam e escreviam anteriormente, se percebiam que estavam começando a ler e escrever mais e que aspectos do trabalho da professora consideravam importantes para sua aprendizagem.

A entrevista final, realizada no mês de junho, teve como objetivo caracterizar as mudanças ocorridas nas práticas de leitura e escrita dos sujeitos, rememorar atividades realizadas em sala de aula e verificar sua importância para eles, além de identificar se os sujeitos estariam mais seguros, interessados e confiantes ao utilizarem a leitura e a escrita em sua vida cotidiana.

Durante cada entrevista, perguntávamos separadamente cada questão do roteiro e esperávamos o sujeito responder para, então, passar à questão seguinte. Eventualmente, solicitávamos alguns esclarecimentos sobre as respostas do sujeito entrevistado. Além disso, sempre que possível, solicitávamos que o sujeito falasse sobre seus sentimentos em relação às experiências descritas. Cada entrevista foi gravada e, posteriormente, transcrita para a análise dos dados. Todos os sujeitos da pesquisa passaram pelas três entrevistas.

Os resultados

A análise de dados foi iniciada com a elaboração de uma síntese descritiva das atividades. Foram audiogravadas vinte atividades realizadas pela professora em sala de aula. Todas essas gravações foram transcritas e organizadas em planilhas. Cada planilha apresentava, na coluna da esquerda, a descrição da atividade realizada, inserindo-se trechos tanto da fala da professora dando as explicações sobre a atividade como da fala dos alunos apresentando alguma dúvida, respondendo algum questionamento da professora ou, simplesmente, comentários que desejavam fazer. Na coluna da direita, havia um espaço reservado para observações complementares, em que realizávamos algum comentário a respeito das intervenções da professora.

Na sequência, transcrevemos os dados coletados durante as três entrevistas realizadas com os alunos. Em seguida, procedemos à montagem de planilhas com as falas dos sujeitos. Para cada aluno foi construída uma planilha.

Buscando identificar a evolução do processo de envolvimento dos sujeitos com relação às práticas sociais de leitura e de escrita, com cada um dos gêneros textuais abordados pela professora, as falas das entrevistas inicial e final foram organizadas em colunas, de forma a possibilitar análise comparativa entre elas. As planilhas também apresentam dados relevantes da segunda entrevista e observações dos alunos sobre aspectos afetivos vivenciados durante o processo, coletados na entrevista final.[1]

---

1. Detalhes do procedimento de coleta e análise dos dados podem ser encontrados em Barros (2011).

A partir dos conjuntos de dados organizados nas planilhas, buscamos identificar as possíveis relações entre as práticas pedagógicas desenvolvidas pela professora e seus efeitos nas práticas de letramento dos alunos.

De modo geral, identificamos que todos os sujeitos progrediram na leitura e escrita, envolvendo-se com mais práticas de letramento. Buscamos, na sequência, identificar quais práticas pedagógicas possivelmente facilitaram essas mudanças.

Uma história de sucesso

Buscando apresentar uma clara descrição sobre a relação pesquisada, consideramos importante explicitar o processo vivenciado pelos alunos. Para isso, decidimos apresentar a história de um dos sujeitos, com o seu processo descrito mais detalhadamente, possibilitando identificar as possíveis relações entre as práticas pedagógicas vivenciadas em sala de aula e o seu envolvimento com as práticas sociais de leitura e escrita.

A história de Antônio e seu retorno aos estudos

Nosso personagem, cujo nome fictício é Antônio, é do sexo masculino, tem 41 anos, casado, pai de dois filhos e pratica a religião católica. Nasceu em Palmeira dos Índios, Estado de Alagoas. Trabalha como operador de máquinas em uma fábrica que produz papel.

Muito alegre e extrovertido, relacionava-se bem com a professora e com os colegas de classe. Gostava muito de conversar, contar histórias, relatar experiências que viveu. Tranquilo, generoso, educado e gentil, as conversas com ele evidenciaram que é, acima de tudo, um sonhador. Seu maior desejo é gravar um CD e tornar-se um cantor famoso.

As observações em sala demonstraram que, como aluno, tinha sempre uma postura participativa nas aulas, fazendo perguntas, comentários, tirando dúvidas, pedindo explicações. Adorava mostrar as atividades realizadas para a professora e era muito caprichoso com o seu caderno.

Durante as entrevistas, por ser muito falante, em vários momentos, precisamos interromper sua fala para que ele não fugisse do tema abordado, uma vez que, frequentemente, começava a falar de outros assuntos.

Veio para essa cidade há cinco anos, com a mulher e os dois filhos, como acontece com a maioria dos migrantes nordestinos que vêm para a região Sudeste em busca de uma vida melhor. Em suas palavras:

"Resolvi vim pra cá porque lá é muito difícil pra gente se viver, lá eu trabalhava na roça, sempre, a minha vida inteira foi trabalhar na roça. Aí nós viemos, eu me dei muito bem aqui, tô com 5 anos que eu tô aqui. Tô muito feliz de tá aqui, aqui é muito bom de morar aqui. Graças a Deus. 100% melhor. Lá eu trabalhava no campo, trabalhava na roça, a renda era muito pouca. Aqui, eu, graças a Deus, eu não sou rico, mas tô vivendo numa vida, graças a Deus, sossegada. É muito bom." (Entrevista inicial)

Relata sua satisfação com as condições de vida encontradas por aqui, com um trabalho e um salário bem melhores do que em sua cidade natal.

Quanto à sua trajetória escolar, comentou que foi à escola quando criança, permanecendo somente por um ano, pois logo seu pai faleceu e ele, juntamente com os irmãos, teve que parar para ajudar sua mãe no sustento da casa, trabalhando na roça. Além disso, já enfrentavam dificuldades para ir para a escola, pelo fato de ela ser muito distante de casa; eles tinham que andar, aproximadamente, três quilômetros, pois não havia transporte. Relatou:

"Eu comecei a estudar, minha mãe colocou nóis tudo na escola, mas ficava dois, três quilômetros afastado, nóis ia a pé. Então era muita dificuldade pra gente, que nóis era tudo pequeno... Aí o meu pai faleceu, a gente era tudo criança, depois minha mãe tirou nóis tudo da escola e colocou tudo na roça. Só se formou meu irmão mais novo e minha irmã, os outros irmãos meus não estudaram e nem eu, eles teve a oportunidade de estudar e se formaram. Então nóis não teve essa oportunidade, antigamente não tinha carro pra ir levar. Nóis morava longe três quilômetros e ia a pé. Acordava tudo de manhã, a minha mãe dava banho na molecada de manhã, na água fria, nessa época não existia água quente como se diz né. Aonde nóis morava não existia energia, era no lampião mesmo. Então era um pouco difícil, nóis já pastemos um pouco na vida já. Então eu fiquei um ano e minha mãe tirou nóis. Quando eu cheguei aqui eu mal sabia escrever o meu nome." (Entrevista inicial)

Observamos, durante a entrevista, que foi com grande tristeza que o aluno fez esse relato. Foi possível perceber, em sua fala, um tom de mágoa por não ter conseguido estudar.

Quando adulto, teve a oportunidade de retornar aos estudos quando veio para o Sudeste. Mesmo assim, retornou somente no início do ano de 2008 pois, anteriormente, o seu horário de trabalho na fábrica não permitia que estudasse. Quando conseguiu mudar seu turno, ficou muito feliz e com a esperança de que o grande sonho ia se tornar realidade: voltar à escola.

Neste sentido, quando questionado sobre as razões pelas quais voltou a estudar, o sujeito relatou:

"Eu resolvi voltar porque o estudo é muito, muito importante. O estudo é uma coisa que a gente não pode parar, é uma coisa muito boa. A oportunidade que antes eu não tive, agora eu tenho, agora eu vou estudar. Se a gente tem escrita, leitura, a gente tem tudo na vida. Pra viajar, pra ler um jornal, qualquer coisa, é muito importante. Eu via os outros ler e tinha vontade de ler. Pra mim, na minha opinião quem não sabe ler é cego. Hoje em dia, tudo na vida depende de saber ler e escrever. Eu tenho vontade de desenvolver mais um pouco, eu quero estudar, não posso parar. Quem sabe até fazer uma faculdade, Deus é quem sabe. Eu não quero parar, estudar pra mim é muito bom demais." (Segunda entrevista)

Percebemos, pelo relato, que o aluno demonstrava uma grande força de vontade e propunha-se a aproveitar, da melhor forma possível, a oportunidade de estudar. Além disso, atribuía um grande valor à leitura e à escrita, chegando a afirmar que quem sabe ler e escrever "tem tudo na vida". O sujeito relaciona analfabetismo à cegueira, concluindo que quem não sabe ler é cego.

Ainda nesse trecho, Antônio declara seus planos com relação ao futuro, dizendo que não queria parar de estudar, chegando a considerar a possibilidade de ainda cursar uma faculdade.

Esta consciência demonstrada em sua fala, em relação à importância dos estudos e da escola, tentava transmitir a seus filhos. Ele esclareceu:

> "Eu tenho um casal de filhos e uma coisa eu falo pra eles, estude porque é muito bom, porque o que eu não tive, hoje vocês têm tudo na mão, estude, estude porque é muito bom. Antigamente, não era igual a hoje em dia, nóis não tinha a oportunidade que tem hoje. Morava em sítio, morava em lugar muito distante, pra estudar era 3, 4 quilômetros e ia a pé, não tinha transporte. Hoje em dia, o transporte, a prefeitura dá, vai buscar, praticamente, na porta de casa, só não vem quem não quer." (Segunda entrevista)

Importante destacar esta fala do sujeito, pois entende que, atualmente, só não frequenta a escola quem não quer. Como ele coloca, hoje em dia, são oferecidas diversas facilidades: há muito mais escolas espalhadas por diversos cantos de cada região, sendo até oferecido transporte para levar os alunos, muito diferente do que aconteceu com ele, na infância.

Importância atribuída à leitura e escrita

Na primeira entrevista, Antônio fez as seguintes considerações a respeito da importância e função social da leitura:

"É muito, demais. A leitura, é importante, hoje em dia, pra tudo. Oia a gente só consegue emprego bom se tiver estudo. Você, pra viajar pra longe, o seu guia é seu estudo, se você tiver estudo você vai para o fim do mundo, se a gente não tiver, pra ir até um canto tem que ter um guia. Então, o guia da gente é a sua sabedoria, se tiver estudo, esse é seu guia, na minha opinião, esse é seu guia." (Entrevista inicial)

Ele revela, em sua fala, um sentimento de incapacidade e dependência por não saber ler. Em contraste, na sua visão, quem tem leitura tem estudo, podendo vivenciar uma vida muito mais autônoma e com maiores possibilidades de ascensão.

Neste sentido, comentou sobre as oportunidades de emprego que já perdeu por não saber ler e escrever:

"É importante sim. Hoje eu sinto falta dela, porque se eu tivesse no mínimo a oitava série eu tinha um serviço melhor, entendeu? Eu já achei muita oportunidade, mas só que depende muito da leitura. Eu tenho muita chance, mas a hora que sabem que eu não tenho leitura, eu não consigo. Você tem capacidade, você entendeu? De comandar o negócio, você tem conhecimento. Mas a disgramada da leitura você não tem. Ah, eu acho que enquanto eu puder estudar, eu quero estudar né? Porque, apesar que a gente passa dificuldade, acorda cedo, vai trabalhar, então, muitas vezes, chega tarde, cansado, mas o que eu puder fazer pra ler e estudar... Então, eu quero continuar, porque eu sei que é uma coisa que eu preciso." (Entrevista inicial)

Nota-se que o aluno demonstra sentir-se capaz de realizar atividades mais exigentes, o que sugere uma autoestima positiva, mas, frustrou-se por diversas vezes, por não ser capaz de ler e escrever proficientemente. Ainda neste trecho, expressou toda a sua força de vontade e determinação para concluir os estudos a qualquer custo. Deixa claro que não pretende permitir que os empecilhos do dia a dia, como horário de trabalho e cansaço, impeçam-no de atingir seus objetivos.

Com relação à importância da escrita, declarou:

"Muito. A escrita, em qualquer lugar que nóis vai, precisa assinar, a coisa muito feia que eu acho é ter que colocar o dedo." (Entrevista inicial)

É possível observar que o sujeito valorizava a escrita, dando um destaque para o fato de saber assinar o nome. É muito claro, em sua fala, o sentimento de humilhação que vivenciou toda vez que teve que enfrentar situações como essa.

Práticas de leitura e escrita: o antes e o depois do processo

O aluno iniciou as aulas nesta escola, com a professora, no início do ano de 2008. Portanto, na época da coleta de dados (1º semestre de 2009), ele já tinha uma vivência de um ano escolar.

Quando questionado sobre o que lia e escrevia antes de frequentar as aulas, respondeu que:

"Eu posso dizer que eu comecei a estudar quando era criança, então minha mãe tirou eu da escola e eu não aprendi nada. Tudo o que eu aprendi foi aqui. Eu só sabia assinar mais ou menos o meu nome, mais nada. E não era fácil pra eu escrever o meu nome igual é hoje, demorava hein... Eu não tinha nem conhecimento das letras. Se colocasse o meu nome na letra de forma eu não sabia, eu só sabia o meu nome na letra de mão." (Segunda entrevista)

Antônio relata que o período que frequentou a escola durante a infância não foi bem aproveitado, visto que tinha que faltar muito e, muitas vezes, chegava atrasado e cansado, por causa da distância que tinha que caminhar, o que dificultava a sua aprendizagem.

Além disso, permaneceu por pouco tempo na escola, pois sua mãe teve que tirá-lo para ajudar no sustento da casa, depois que seu pai faleceu. Assim, reconhece que nada aprendeu. Afirma que nem ao menos o nome escrevia bem. Esforçava-se, quando preciso, para assiná-lo, mesmo que demorasse um pouco, pois não suportava a ideia de ter que "colocar o dedo".

Ao ser perguntado se, depois que começou a frequentar as aulas, passou a ler e a escrever mais, disse:

"Melhorou 100% pra mim. Hoje eu já escrevo o que você pedir, pode ter alguma coisa errada, mas eu escrevo. Outro dia até me arrisquei a anotar uma receita que deu na televisão, dei pra minha mulher fazer. Mas só porque, porque a professora explica pra nóis aqui na aula. A carta que a professora pediu outro dia, eu achei um pouco difícil, mas eu já consegui fazer. O jornal, antes eu andava por aí, eu via o povo lendo o jornal, eu tinha uma vontade de ler. Eu até pegava um pra ler, mas eu era cego, não entendia nada, nada. Oia, eu nunca tive inveja de nada, mas eu via a pessoa lendo ali, eu ficava louco e falava: caramba eu queria aprender isso aí. E não é que hoje eu já consigo..." (Segunda entrevista)

O aluno demonstrou estar muito satisfeito com a sua evolução, mostrando confiança nas atividades que realiza. Exemplifica seus avanços com algumas situações de leitura e escrita presentes nas práticas sociais, relatando que, agora, já é capaz de realizá-las. Deixa clara a contribuição da professora e das aulas em que teve contato com esses gêneros textuais, para que pudesse ler e escrever de uma forma que atendesse as exigências de uma sociedade cada vez mais grafocêntrica.

As observações em sala de aula confirmam os dados da entrevista. Durante as aulas, era possível observar a facilidade e autonomia que o sujeito havia adquirido na realização das atividades. Além disso, a própria professora declarou que, em pouco tempo, este aluno progrediu surpreendentemente. Pode-se sugerir que esses avanços tenham relação com as práticas pedagógicas realizadas pela professora, que o motivava a seguir em frente e manter o interesse.

Realmente, os dados sugerem que o ano de 2008 foi muito bem aproveitado pelo sujeito. Isto pode ser constatado pelo fato de que, na primeira entrevista (realizada no mês de março de 2009), quando questionado sobre as práticas de leitura e escrita que realizava, observamos que o sujeito já desenvolvia muitas delas. Podemos inferir, como veremos, que esse desenvolvimento foi favorecido pelas práticas pedagógicas desenvolvidas em sala de aula, privilegiando a leitura e a escrita de textos que circulam socialmente.

Comparando as entrevistas iniciais e finais, notamos que o aluno aprimorou essas habilidades. Seguem relatos das entrevistas de Antônio referentes a alguns gêneros textuais abordados pela professora.

Bulas de remédio

Na entrevista inicial, ao ser questionado sobre a leitura de bulas de remédio, o sujeito comentou:

"Eu vou lhe falar uma verdade, eu não gosto muito, eu nunca acho o que eu preciso." (Entrevista inicial)

Nota-se, pela sua fala, que não tinha contato com essa prática, provavelmente, devido à dificuldade em encontrar nela as informações de que necessitava.

Na entrevista final, observa-se uma mudança neste comportamento. Em suas palavras:

"Tem que ler né, porque a gente tem que saber se o medicamento vai fazer mal, tem que ler, é muito importante isso daí. Principalmente depois que a (nome da professora) leu aqui com a gente a reportagem de uma revista que falava que é muito perigoso tomar remédio sem ir no médico, falava até dos....como é que era o nome mesmo.....ah, efeitos colaterais que o remédio pode dar... dá até medo... então agora eu leio sempre." (Entrevista final)

Antônio desenvolveu um comportamento crítico e consciente em relação à leitura da bula de remédios. Podemos sugerir que o desenvolvimento desse comportamento tenha sido favorecido pelas práticas desenvolvidas pela professora durante as aulas, como se segue.

A professora levou para a sala de aula bulas de remédio para explicar alguns termos ali contidos e que são fundamentais que sejam compreendidos antes de se tomar o medicamento, como: posologia, contraindicações, efeitos colaterais.

O aluno passou a valorizar a importância da leitura deste gênero textual, entendendo os riscos à saúde que a falta de sua leitura pode causar. Além disso, ajudou o sujeito a entender a estrutura deste gênero de texto, auxiliando-o a encontrar informações que buscava, algo que, como ele próprio relatou, antes lhe causava dificuldades.

Cartas

Quando questionado, na entrevista inicial, se realizava leitura de cartas, o sujeito fez as seguintes colocações:

"Um pouco, muito não, porque eu tô começando a ler agora, mas algumas coisa já dá pra eu saber." (Entrevista inicial)

Na entrevista final, o próprio sujeito reconheceu sua evolução, ao afirmar:

"Agora eu tô conseguindo viu, antes eu ficava assustado, falava em carta se imagina aquele monte de coisa escrita, que não vai entender nada. Mas agora, a professora falou que a gente não pode se assustar se tem bastante coisa escrita, se a gente sabe, a gente sabe, ou pouca ou bastante coisa. E ela deu carta pra gente ler, pra gente fazer aqui né, então parece que tira o fantasma né." (Entrevista final)

Observa-se, pela fala, que o aluno demonstrou estar mais confiante com relação a este gênero textual. Descreve que, anteriormente, sentia-se inseguro e assustado pela quantidade de texto escrito que, geralmente, está presente em uma carta.

Conta que esse sentimento foi superado e, atualmente, consegue realizar a leitura, deixando claro, em seu relato, a contribuição que o trabalho com cartas, realizado em sala de aula pela professora, teve para sua evolução.

O aluno também comentou sobre a sua relação com a escrita de cartas. Na entrevista inicial, relatou:

"Carta já é mais complicado. É o problema do som das letras, que eu fico meio perdido. Aquelas letras que têm um som diferente, fico perdido. Se for pra mim ler eu até leio, mais ou menos, agora pra mim escrever... Até consigo, isso é certeza que vai faltando letras, ou vai de mais ou vai de menos... por isso que dá até vergonha de mandar né..." (Entrevista inicial)

É evidente a dificuldade e a insegurança que o aluno apresentava para ler e escrever cartas. Suas incertezas eram tantas que chegavam a impedi-lo de escrever e enviá-las por sentir-se constrangido e envergonhado de seus erros.

Assim como ocorreu com a leitura, o aluno, na entrevista final, reconheceu seus avanços. Em suas palavras:

"Eu tô chegando lá, viu, outro dia nós fizemos aqui na sala, mas eu ainda achei que eu me enrosquei um pouco, mas já consegui bastante coisa, já não tenho mais medo de escrever. Antes, eu morria de medo de escrever muita coisa, eu me atrapalhava todo... mas daí ela deu, eu fui fazendo devagarzinho, ela foi me ajudando, quando eu dei pra ela ler, ela falou que só tinha duas coisinha errada. Mas eu fiquei numa felicidade só, magina. Agora tô vendo se mando uma pra os meus parentes que ficaram lá no Nordeste, agora que eu estou escrevendo melhor né." (Entrevista final)

O aluno deixa claro que não sente mais medo de escrever, expressando sua autoconfiança. Identificou o auxílio da professora, enquanto escrevia, como um fator de grande importância para que produzisse um bom texto. Percebemos, também, um aumento na sua autoestima quando diz que pretende escrever cartas para os seus parentes que moram no Nordeste, evidenciando que não sente mais vergonha da sua escrita e está muito mais seguro.

Esse gênero textual foi bem desenvolvido em sala de aula, sendo que os alunos, em várias atividades, leram, escreveram e refletiram a respeito de sua estrutura, conteúdo etc.

Havia uma preocupação, por parte da professora, em resgatar as cartas como instrumentos de comunicação. Mesmo sabendo que, atualmente, os meios mais usados de comunicação são e-mail e telefone, insistiu em trazer a carta para o trabalho em sala de aula, visando familiarizar os alunos com este gênero ainda muito utilizado.

Quando perguntado sobre a sua opinião sobre as atividades de escrita de cartas, o aluno esclareceu:

> "Eu acho que ajuda bastante, ajuda pra gente se desenvolver né, escrever mais, perder o medo... eu acho que foi bom. Porque a minha mãe mora no Nordeste e não tem como eu ficar ligando né, ela não tem telefone, pra mim ligar pra ela tem que ligar no vizinho e o vizinho não é todo dia que pode ir ficar dando recado, daí celular fica muito caro. Então eu aprendendo aqui escrever carta é bom. Eu já tô escrevendo uma e vou trazer aqui pra professora corrigir, eu tô usando aquele modelo que a professora deu como demonstração e tô conseguindo, daí eu vou mandar, assim não preciso ficar pedindo pra ninguém escrever." (Entrevista final)

Antônio reconheceu a importância do trabalho pedagógico, que lhe permitiu maior autonomia, para não ficar dependendo dos outros. Ressaltou que as atividades em sala de aula foram fundamentais para esse seu desenvolvimento.

Rótulos/embalagens

A professora levou algumas embalagens de produtos e iniciou a aula dizendo que iriam ler o que estava ali escrito. Perguntou se alguém tinha o costume de ler, se achavam importante e necessário, enfim, o que pensavam a respeito. A maioria dos alunos disse que não tinha o costume de ler os rótulos das embalagens dos produtos, a não ser para verificar a validade.

Falou sobre a importância de identificar, além da validade, outras informações contidas nas embalagens, como: ingredientes, valor nutricional etc., para conhecer melhor o que se está consumindo.

Distribuiu uma embalagem de leite para cada aluno, a fim de analisarem o que estava escrito nela. Foi até a lousa e escreveu o que os alunos falavam. Começaram dizendo qual era o nome/marca do leite. Em seguida, a professora foi perguntando: o que está escrito nessa tabela, em um dos lados da embalagem? O que quer dizer esse desenho? O que tem atrás? Vocês sabem o que esse selo quer dizer? Algumas perguntas os alunos respondiam, outras não. Quando isso acontecia, a professora explicava, esclarecia.

Depois dessa análise coletiva, pediu que cada um escolhesse uma embalagem e tentasse fazer o mesmo, individualmente. Todos conseguiram fazer; alguns com auxílio da professora e/ou dos colegas.

Na primeira entrevista, o sujeito relatou que não lia os rótulos e as embalagens dos produtos; apenas olhava a validade, assim como a maioria. Na entrevista final, ao ser entrevistado pela pesquisadora, respondeu:

> "Ah sim, a primeira coisa quando eu vou pegar um produto é olhar a validade, olhar se tá vencido, quando vai vencer. Porque às vezes a gente compra uma mercadoria ela vai vencer daqui a três, quatro dias, daí eu já não pego. Ah, agora também olho aquela tabelinha que tem nas coisas... a (nome da professora) explicou pra gente o que que era... daí eu acho bom dá uma olhada, por causa da saúde da gente né..." (Entrevista final)

A professora desenvolveu a leitura de embalagens e rótulos, em sala de aula, com a intenção de orientar os alunos sobre sua importância, visto que muitos a desconheciam. Pode-se supor que esse trabalho tenha possibilitado uma mudança de atitude em Antônio. As atividades pedagógicas desenvolvidas com este gênero referiam-se à análise das informações existentes nas embalagens, como: valor nutricional (no caso de produtos alimentícios), número de telefone para atendimento ao consumidor, se a embalagem era reciclável ou não, cuidados a serem observados etc.

Letreiro de ônibus

Na entrevista inicial, o aluno demonstrou que este era um portador textual que ele já lia, conforme comentou:

"É o que mais eu leio, eu vou pegar um ônibus eu já sei pra onde é que vai, quando eu chego na rodoviária eu olho logo. Pra não pegar o ônibus errado. Isso eu aprendi há muito tempo, mesmo com pouca leitura. É muito importante isso daí." (Entrevista inicial)

Esta fala confirma que o sujeito envolvia-se com práticas de letramento sem estar plenamente alfabetizado, em virtude, provavelmente de suas necessidades cotidianas.

Na entrevista final, Antônio confirmou seu envolvimento com a leitura deste tipo de texto, destacando os avanços alcançados após sua vivência escolar. Em suas palavras:

"É o que mais eu sei, viu. Vô pra tudo quanto é lado. Isso aí é muito importante. Antes de vim nas aulas, eu já observei muito, já sabia mais ou menos. Agora eu tô melhor ainda. Veja só que chique eu, em janeiro eu fui lá pra Alagoas de avião e ano que vem eu vou de novo se Deus quiser. Andei tudo lá no aeroporto de Guarulhos, lá vai o avião direto pra Maceió. Eu morava lá e nunca tinha ido num aeroporto lá. Eu achei muito interessante, muito grande, muito bonito. Mas tem que ser esperto, viu... tem que marcar a mala viu, se não erra a mala, viu, ela vem numa esteira assim, tem que marcar, se não erra, e é tudo parecida, tudo igual, tem que por o nome senão... eu quase perdi minha mala. Olha eu já me virei nessa vida, viu, e a minha mãe falava o ditado: "Ou bem lido ou bem corrido". Eu era o bem corrido e me virava, viu, quando eu não sabia eu perguntava, tinha que se virar. Agora eu já tô me considerando o bem lido, viu..." (Entrevista final)

Observa-se, no relato, o orgulho do sujeito ao contar sobre os seus progressos. Nota-se que o aluno destacou seu progresso, reconhecendo-se como mais capaz de realizar atividades exigidas pelo cotidiano.

Devemos ressaltar o ditado expresso pelo aluno — "Ou bem lido ou bem corrido" — em que ele próprio destaca seu avanço, sem deixar de lembrar que, mesmo sem saber ler e escrever proficientemente, interagia socialmente, resolvendo os problemas típicos de uma sociedade que elegeu a escrita como forma de comunicação imprescindível no convívio social.

A finalização de sua fala sinaliza que o aluno estava consciente de seus avanços, o que deve ter afetado positivamente sua autoestima.

Jornal

Quanto à leitura de jornal, o sujeito relatou, na primeira entrevista: "Eu gosto de ler, algumas coisas eu leio."

Na entrevista final, observa-se o desenvolvimento do aluno em relação a essa prática de leitura:

"Era uma coisa, que eu viajava de ônibus e via a turma pegando o jornal e começava a ler e eu tinha uma vontade de ler tão grande em mim, aí eu pegava o jornal e ficava ali também, só que eu era um cego, eu tava olhando ali, mas não tava sabendo o que significava nada ali. Hoje, se eu pegar um jornal, ainda não sei ler tanto assim... nossa... como ele lê, mas eu já vou entender várias coisas, hoje, eu vô devagarzinho e sei ler. Na minha opinião, quem não sabe ler é cego. Então, desde o ano passado que eu comecei a vim aqui que agora eu gosto de comprar, porque a professora sempre falou que era bom que a gente lesse cada vez mais coisa, que a gente tinha que procurar né. Daí quando dá, eu vou lá no supermercado de sexta-feira e já compro. Aí no sábado que eu não trabalho eu tenho mais tempo pra ler, né. Aí eu vou lendo. É só uma pena mesmo que lá em cima onde eu moro não tem jornal, então tem semana que não dá pra comprar, daí eu leio aqui na escola, que sempre tem. Eu gosto de ver tudinho mesmo, quem casou, quem morreu, outro dia mesmo a minha geladeira pifou e eu não tinha dinheiro pra comprar uma nova e eu fui procurar lá pra vê se tinha alguma coisa." (Entrevista final)

Antônio relembrou o que sentia anteriormente, antes de frequentar a escola, quando observava as pessoas lendo o jornal e ele não conseguia.

Atualmente, o aluno ainda declara ter alguma dificuldade na leitura, mas relata que passou a comprar o jornal, incentivado pela professora. Valoriza a oportunidade de ler jornal na escola, quando não consegue comprá-lo. Elenca algumas partes do jornal que ele não deixa de ler: editais de casamento, de falecimento, classificados.

O jornal era, constantemente, abordado em sala de aula e sua leitura, igualmente, incentivada pela professora, que o explorou de diversas formas: apresentação do conteúdo de cada caderno do jornal, leitura de reportagens e notícias que considerava interessante e/ou importantes para eles, seguida de discussão a respeito, leitura livre para que lessem o que os interessava etc.

Essas atividades eram muito apreciadas. Este portador de textos sempre esteve presente em sala de aula, tanto para a leitura livre dos alunos, como para a utilização nas atividades de ensino. Além disso, a professora explicou-lhes a organização dos jornais em cadernos, o modo de encontrar as reportagens, apresentou-lhes o jornal oficial do município e todas essas atividades causaram interesse e motivaram os alunos para sua leitura.

Na entrevista, quando foi questionado sobre a sua opinião em relação às atividades com jornais, o sujeito relatou:

"Ah, mais disso eu gostei muito, eu sempre tive muita vontade de ler jornal, não te falei que eu até fazia de conta que eu lia, hoje em dia a gente tem que tá bem informado, saber das coisas, e ela explicou tudinho pra gente, sempre lê as coisas pra gente, pra gente se informar né. É muito bom." (Entrevista final)

O aluno reconheceu e valorizou o trabalho pedagógico, relembrando a vontade que sempre sentiu de ler o jornal, além de demonstrar consciência da importância dessa atividade para manter-se bem informado.

Formulário/ficha de emprego

Quando foi perguntado, na entrevista inicial, se o sujeito preenchia formulários/fichas de emprego, ele respondeu:

"Já preenchi, mas eu tô meio devagar ainda, viu. Tem muitas coisas que eu não coloco, coloco mais o nome e o endereço. É o que eu sei." (Entrevista inicial)

O aluno demonstrou insegurança com o desconhecimento de alguns termos presentes em formulários e fichas, o que dificultava o seu preenchimento completo.

Na entrevista final, notamos que houve um desenvolvimento do sujeito em relação a essa prática:

"Agora eu tô sabendo preencher bem, só se pedir alguma coisa muito diferente, mais eu aprendi muita coisa aqui com a professora pra preencher essas coisas." (Entrevista final)

Relatou que já se sente muito mais confiante para preencher, sendo capaz de entender o significado de termos que, anteriormente, lhe causavam dúvidas. Atribui um valor aos ensinamentos da professora, que contribuíram para que essa sua evolução ocorresse.

O trabalho de preenchimento de fichas e formulários, com a explicação de alguns termos que muitos alunos desconheciam ou confundiam o significado, foi realizado pela professora, em sala de aula. Nessas atividades, a professora percorria cada carteira, auxiliando os alunos, individualmente, pois muitos apresentavam dúvidas na localização dos dados nos documentos.

O preenchimento da ficha com dados do currículo individual foi uma das atividades realizadas pela professora, dado que os alunos verbalizaram a necessidade de realizá-lo corretamente para poderem alcançar melhores oportunidades de emprego. Foi uma atividade muito valorizada pelos alunos.

Notamos que o reconhecimento da função social dessa atividade contribuiu para uma relação positiva dos alunos com essas práticas. Em uma das falas, Antônio destacou a sua importância, dizendo que gostou muito, reconhecendo-as como de grande valia para a sua vida:

> "E aquela atividade de preencher a ficha foi muito bom pra mim, porque a gente sempre precisa ir atrás de algum emprego melhor, né? E pra isso precisa saber preencher essa ficha. Eu cheguei em casa e fui preencher ela de novo pra ver se eu sabia...e devagarzinho eu fiz." (Entrevista final)

Podemos inferir que o trabalho pedagógico desenvolvido em sala de aula contribuiu para esse seu progresso relacionado com as práticas sociais envolvendo documentos e formulários.

Livros

Na entrevista inicial, o sujeito fez a seguinte declaração sobre a sua relação com a leitura de livros: "Pego pouco. Devagarzinho, eu leio uns pedacinhos, mas é mais coisas né?"

Portanto, com relação a livros, Antônio lia um pouco: como já colocado, a quantidade de palavras intimidava sua leitura, pelo fato de ainda não se sentir confiante e seguro.

Na entrevista final, suas colocações a respeito desta prática de leitura demonstraram uma outra realidade:

"Leio. Eu tenho até um livro aqui que é pra ajudar a lidar com o ser humano. Eu tô lendo, eu peguei aqui com a (nome da professora), é muito bom, muito importante, toda noite eu chego, ligo o abajur e leio, pelo menos umas quatro páginas. Agora que eu tô gostando de comprar uns livrinhos que eu achei lá no R$ 1,99 de poesia, é bem bonito viu, daí eu tô lendo sim." (Entrevista final)

Nota-se, pela sua fala, um envolvimento muito maior com a leitura de livros. A professora comentou sobre essa relação mais intensa, que vinha observando, do aluno com os livros, destacando a retirada que fazia, ao menos quinzenalmente, para ler em casa.

Importante comentar que a professora deixava um armário com livros à disposição para que os alunos que quisessem pegassem e levassem para a leitura em casa. Destaca-se, também, que a professora fazia comentários a respeito dos livros já lidos por ela, recomendava leituras, orientava e sugeria livros que iriam interessar-lhes, uma vez que conhecia os interesses dos alunos e os níveis de desenvolvimento em que se encontravam, em relação à leitura e à escrita.

Muitos desses livros eram utilizados para fazer as leituras diárias. Às vezes, lia o livro todo; às vezes lia somente algum trecho. A professora incentivava-os a pegar os livros, mas não havia uma cobrança, pois entendia que trabalhavam o dia todo e tinham problemas em casa, o que, muitas vezes, os impediam de ler. Portanto, ficavam livres para pegar e só comunicavam a ela o livro que, porventura, pegassem. Na sala de aula, o espaço era aberto para quem quisesse comentar sobre qualquer leitura que houvesse feito.

Na entrevista, o aluno destacou a leitura que estava realizando de um livro que pegou na sala e gostou muito, lendo-o um pouco por dia. Além disso, relatou que passou a comprar alguns livros de poesia.

Observamos um maior interesse do aluno pela leitura de livros durante o período observado. Pode-se inferir que esse interesse tenha sido promovido por uma maior confiança do sujeito em sua habilidade de ler. Isto pôde ser observado nas visitas realizadas em sala de aula, em que o aluno demonstrava crescente progresso na habilidade de leitura e compreensão de textos.

Em um outro trecho da entrevista, Antônio declarou que o interesse pela leitura tinha, também, um próximo objetivo: realizar o sonho de gravar um CD. Conforme diz:

> "Eu assistia televisão direto, mas quando eu chego em casa agora, quando eu tenho um tempo, eu não fico na televisão, eu fico lendo. Sabe por quê? Porque eu tenho um sonho, eu quero gravar um CD, então a leitura vai me ajudar bastante com isso daí, eu vou correr atrás do meu sonho, tem que acreditar no sonho, ter fé em Deus, correr atrás que alcança. Só tem uma coisa nesse mundo que a gente não dá jeito, é a morte, mais o resto nóis ajeita, tem que ter fé em Deus, nóis correndo atrás nóis consegue as coisas. Porque eu vou te falar uma verdade, a gente que trabalha para os outros, a gente só ganha aquilo, agora, quando tem o negócio da gente, a sua renda é outra." (Entrevista final)

O aluno acreditava que, para alcançar o sonho de gravar um CD, saber ler era um passo muito importante. Demonstrou estar muito seguro sobre o que pretendia ainda alcançar para sua vida e bastante motivado para realizar o que fosse necessário para atingir seus objetivos.

Leitura de poesias

O trabalho com poesias era prática constante nas aulas da professora. Ela optava, muitas vezes, por esse tipo de texto por serem curtos e, geralmente, trazerem alguma mensagem, de que os alunos sempre gostavam, pois os incentivava e apresentava lições de vida.

Os autores eram os mais variados: Carlos Drummond de Andrade, Vinícius de Moraes, Cecília Meireles, Manoel Bandeira, Patativa do Assaré etc. Após a leitura, sempre conversavam a respeito da poesia, o que haviam pensado e sentido; chegaram até a escrever uma poesia.

As leituras de poesias realizadas em sala de aula, pela professora, pode ter possibilitado ao aluno interessar-se pela leitura desse gênero textual. Em suas palavras:

"Ah, eu gosto das historinhas que ela dá, sabe. As coisas que ela dá pra gente ler. Daí eu gosto porque é muitas frases. Às vezes ela dá tipo assim rimando que nem poesia, letra de música. Então eu gosto quando ela dá essas atividades pra gente ler na sala. Às vezes eu peço pra levar pra casa e ela deixa. Eu gostei muito das poesias. Agora eu compro no R$ 1,99 esses livrinhos de poesia pra ler e escrever em casa. Eu gostei também daquele poema, daquele homem do Ceará que a professora leu aqui pra gente... ai, eu não lembro o nome pra te falar, mas depois eu te mostro, eu gostei do que ele escreve." (Entrevista final)

Observa-se, claramente, em sua fala, o desenvolvimento do gosto pela leitura de poesias, chegando a comprar livros, além de emprestar alguns que estavam na biblioteca da sala. Desenvolveu, em especial, o gosto pela forma de escrever de um autor, Patativa do Assaré, que teve algumas poesias lidas em sala de aula.

Importante destacar o fato de Antônio ter se interessado, também, pela escrita de letras de música, chegando a levar uma delas para que a professora visse. Segundo ele, as poesias o inspiravam.

Desta forma, podemos inferir que os objetivos da professora, ao desenvolver atividades com poesia — permitir que os alunos conhecessem, se interessassem e gostassem de ler poesia — foram plenamente alcançados com este aluno.

A valorização da professora e do trabalho desenvolvido por ela

Antônio enfatizou a importância da mediação da professora no processo de ensino-aprendizagem, destacando algumas características que, em sua opinião, contribuíram para seu desenvolvimento, como, por exemplo, bondade e paciência. Em suas palavras:

"Oia, se não fosse ela, eu acho que eu não tinha aprendido tudo o que eu aprendi. Ela é uma pessoa maravilhosa, ensina muito bem, tem muita paciência com a gente também. Ela explica muito bem. Oia, só não aprende com ela quem não quer, quem não aprende com ela eu não sei viu. Ela explica, explica de novo, vai na mesa pra ver o que a gente faz, traz novidade. Eu só tenho que agradecer a ela." (Segunda entrevista)

Com essas palavras, o aluno expressa sua gratidão à professora e faz referência ao trabalho pedagógico desenvolvido por ela que, na sua opinião, foi decisivo para seu desenvolvimento.

Podemos sugerir, a partir do depoimento do aluno, que o processo pedagógico desenvolvido pela professora — envolvendo, especialmente, sua postura, seu jeito de ensinar, a atenção e o apoio dados a todos, a presença nas mesas, as atividades desenvolvidas — foi decisivo para a promoção de sua aprendizagem, ou seja, a qualidade da mediação oferecida pela professora foi fundamental para o desenvolvimento dos educandos, mediação esta permeada de aspectos afetivos.

Ao ser questionado sobre alguma atividade específica considerada importante para que passasse a se interessar mais pela leitura e escrita, o aluno colocou:

"Ah, tudo né. Agora eu passo na banca e dá vontade de pegar um jornal, uma revista pra ler, porque a gente sabe que vai ler tudinho e mais do que ler é entender né. Então dá vontade né. Mas o único problema é que não tem banca lá pelos lados da minha casa, eu moro muito longe. Então tenho que aproveitar pra ler bastante quando eu venho aqui na escola. Ainda bem que a professora dá bastante né?" (Segunda entrevista)

Antônio, novamente, demonstrou sentir-se muito mais seguro e confiante, declarando que, agora, é capaz de ler jornais e revistas e, mais do que isto, consegue compreender o que lê. O aluno referiu-se, portanto, à necessidade de se compreender o significado do que se lê, vinculando dois processos que devem caminhar juntos no envolvimento com a escrita, ou seja, decifrar o código escrito e construir significados de forma adequada.

Ressaltou um fator complicador para a ampliação de sua leitura, que é o fato de não existirem bancas de jornais próximas à sua casa. Mas, logo em seguida, destacou a oportunidade de leitura em sala de aula proporcionada pela professora, como um fator facilitador.

Enfatizou, ainda, uma outra prática pedagógica realizada pela professora que, em sua opinião, contribuiu para sua aprendizagem e desenvolvimento:

"Aquilo que ela faz também de corrigir as história que a gente faz na lousa é muito bom, tem muita coisa que parece que a gente só enxerga na lousa né? Eu vejo ela corrigindo o jeito de escrever lá e eu nunca mais esqueci... que nem eu escrevia "simpres", "falano", dormino", agora eu sei que é "simples", "falando", "dormindo". Porque a gente tem que escrever do jeito certo né, não é igual a gente fala né, tem que prestá atenção." (Segunda entrevista)

O aluno valorizava a correção da professora, na lousa, como sendo muito importante para seu processo de apropriação da escrita.

Impressões sobre sua atual relação com a leitura e a escrita

Quando foi perguntado, na entrevista final, se ele considerava que havia melhorado na leitura e na escrita, Antônio respondeu:

"Se eu melhorei? Nossa senhora! 100%! Quando eu cheguei aqui... foi em março do ano passado... eu até escrevia, mas escrevia tudo errado, nem sabia esse negócio de letra maiúscula, parágrafo... xi, eu escrevia de qualquer jeito, e ler nem se fale, eu desenvolvi muito. Porque eu acho que a professora trabalha bem, viu, olha, as coisas que ela dá pra gente é tudo coisa que a gente vai usar e ela tem muita paciência. Olha, aquele dia que a gente tava preenchendo aquela ficha currículo que ela deu, eu fiquei com dó dela, ela andava de cá pra lá pra ver se todo mundo tava fazendo certo, então ela se preocupa, né." (Entrevista final)

O aluno afirmou, entusiasticamente, que melhorou muito, tanto na escrita, quanto na leitura. Atribui esse progresso ao trabalho da professora, pois, além de valorizar o modo como ela trabalhou, o sujeito mencionou a importância das práticas pedagógicas que priorizavam atividades que eram relacionadas com seu cotidiano, ou seja, a utilização de textos reais e o trabalho com os gêneros textuais que circulam socialmente.

Também comentou que se sentia mais seguro para ler e escrever. Em suas palavras:

"Agora eu tô. Eu até tô escrevendo mais bonito, lendo melhor. Ah, acho que por causa da vontade que eu tenho né, de estudar agora, de recuperar o tempo né. Antes eu não lia em voz alta nem que me matasse, eu ficava muito nervoso, gaguejava tudo. Hoje, eu ainda sinto uns calorão na hora que eu vou começar a ler, mas é só começar, depois vai. Ah, eu acho que é porque a professora faz a turma respeitar cada um né, ninguém dá risada quando a gente lê alguma coisa errada, a professora vive repetindo que a gente tá aqui pra aprender né. Porque eu acho, principalmente, que é a professora que tá dando segurança pra mim, pra mim ficar mais seguro na leitura e na escrita. E cada vez que ela diz pra mim que eu sou um bom aluno, que eu tô bom é que eu fico com mais força de vontade ainda pra continuar." (Entrevista final)

Relacionou a sua segurança na leitura e na escrita com sua vontade e esforço para estudar, assim como com a confiança mútua desenvolvida entre ele e a professora, um acreditando na capacidade do outro.

Outro ponto que merece ser destacado no trecho acima, diz respeito à observação do aluno quanto ao estabelecimento, pela professora, de um ambiente propício à aprendizagem, com grande respeito entre os alunos.

Comentou, também, que seu desenvolvimento o estava motivando para se envolver, cada vez mais, com práticas de leitura e escrita. Citou alguns exemplos:

"Com certeza, agora eu comprei celular, sei mexer no celular, até mensagem eu aprendi mandar, mais olha que coisa boa! E eu quero aprender cada vez mais. Também tem os livrinho de poesia que eu tô comprando, eu tô gostando muito de ler poesia, é muito bonito, tem umas mensagens muito bonita que me dá inspiração pra fazer as músicas né?" (Entrevista final)

O sujeito relatou que sempre quis ter um celular, mas, antes de frequentar as aulas, não comprava pois tinha medo de não saber utilizar. Agora, contou sobre seus avanços, dizendo que já envia mensagens escritas. Destacou novamente o seu interesse pelas poesias, impulsionado pelas constantes leituras deste gênero textual realizadas pela professora.

Os dados sugerem que o sujeito progrediu nas suas habilidades de leitura e escrita, sendo que ele próprio reconheceu esse avanço. Na entrevista final, relatou sobre o seu aumento de interesse pela leitura e escrita:

"Ô loco! Pra mim, eu posso dizer hoje que foi 100%. Porque viu, eu não sabia de nada e sabe por quê? Porque a professora, além de ter muita paciência, ela ensina muito bem. Viu, não desfazendo de ninguém, mas tem professor que não ensina, entendeu? Tem professor que faz o trabalho dele, o nego aprende se quiser. E ela não, ela tem preocupação pra nóis aprender, a preocupação dela é grande pra gente aprender. Então, se a gente levar a coisa a sério na sala de aula, a gente aprende. A gente tem que aproveitar as 3 horas, ficar na sala de aula, prestando atenção, aprendendo, porque é muito importante tudo o que ela traz. Porque o tempo é pouco, então tem que aproveitar pra modo de aprender." (Entrevista final)

O aluno atribui o seu aumento de interesse pela leitura e escrita ao trabalho pedagógico desenvolvido pela professora, com todo seu empenho, dedicação e preocupação para que os alunos, de fato, aprendessem e, mais do que isso, utilizassem esse aprendizado nas atividades cotidianas. Ainda fez uma crítica aos professores que não se preocupam com o desenvolvimento de seus alunos.

Além disso, mostrou-se consciente de que o aluno também precisava fazer a sua parte, prestando atenção e participando das aulas, pois, somente assim, poderá visualizar seus progressos.

Mediação docente e seus impactos no aluno de EJA

O adulto, como o aqui apresentado, não retorna à escola com a intenção de recuperar um tempo perdido ou para aprender algo que não aprendeu quando criança. O que ele busca é um aprendizado para as suas necessidades atuais.

Em sua maioria, a EJA reúne alunos pertencentes a grupos sociais de baixo poder econômico, portadores de uma linguagem própria, conhecimento e experiências que expressam a sua realidade social e a de seu grupo. Possuidores de culturas e múltiplos saberes, diariamente aprendem a sobreviver num mundo regido pelo valor da escrita, em que a escolarização é interpretada como um caminho que pode proporcionar independência e inclusão social. Conhecem bem o valor da escrita, muito mais do que os sujeitos escolarizados, pois diariamente pagam o preço da falta da escolarização e do conhecimento escolar; sabem que o conhecimento, em qualquer idade, é fundamental para a qualidade de vida e para o exercício da cidadania.

Considerando as demandas por leitura e escrita dos sujeitos pesquisados, buscamos averiguar as possíveis relações entre o processo de envolvimento dos alunos com as práticas de letramento e as práticas pedagógicas desenvolvidas pela professora em sala de aula.

Inicialmente, destacamos a presença da *dimensão afetiva* nas práticas pedagógicas, envolvendo as inúmeras estratégias de a professora ajudar seus alunos, não só nas intervenções mas também na forma de selecionar, organizar e explicar os conteúdos, estabelecendo relações com o mundo e com a vida. Assim, a afetividade esteve presente na maneira de a professora falar com eles, na seleção das atividades e dos recursos utilizados, na forma de corrigir e avaliar os alunos. Neste sentido, podemos inferir que a figura do professor, seu desempenho, suas características pessoais, sua maneira de se relacionar, seu modo de agir e de falar produziram sentimentos e emoções que interferiram no processo de ensino e aprendizagem, afetando a relação dos alunos com os conteúdos abordados, com a escola e com o próprio professor, alterando, igualmente, a sua autoestima. De acordo com Moysés (2001), "estudos apontam que pessoas com percepções positivas de suas capacidades aproximam-se de tarefas com confiança e alta expectativa de sucesso. Consequentemente, acabam se saindo bem" (p. 38).

Os dados sugerem que há uma percepção, por parte dos alunos, em relação ao tipo de mediação feita pela professora, que revela a forma como eles são afetados, provocando diferentes sentimentos que influenciam o processo ensino-aprendizagem, interferindo na relação com os conteúdos abordados. Segundo Almeida (2004), "o professor deve basear a sua ação fundamentado no pressuposto de que o que o aluno conquista no plano afetivo é um lastro para o desenvolvimento cognitivo e vice-versa" (p. 126).

A categoria *mediação* é central na psicologia histórico-cultural. Nesta perspectiva, entende-se que a relação homem-mundo é sempre mediada, destacando-se, nesse processo, o papel dos *signos*, especialmente da *linguagem*, no desenvolvimento das *funções superiores* e na constituição do sujeito.

Desta forma, compreende-se que o desenvolvimento do psiquismo humano é sempre mediado nas e pelas relações que o homem estabelece com os outros homens ao compartilharem *sentidos* e *significados* sobre os objetos culturais.

Compreender que o desenvolvimento do psiquismo humano é sempre mediado pela cultura implica pensar nos processos de transmissão aí existentes, incluindo o papel da escola e da educação no desenvolvimento do sujeito. Neste sentido, considera-se que o professor, como membro mais experiente da cultura na sala de aula e possuidor de conhecimentos específicos sobre o que e como ensinar, constitui-se como principal organizador das formas concretas de mediação entre o aluno e os objetos de conhecimento abordados, dando concretude, viabilizando e garantindo o processo de aprendizagem.

Como ressalta Leite, é importante afirmar que os efeitos da mediação não são somente cognitivos, mas também, simultaneamente, afetivos. Para o autor, "esses efeitos subjetivos determinarão as futuras relações que se estabelecerão entre o sujeito e os objetos de conhecimento" (2006, p. 26). Em outras palavras, a qualidade da mediação é um fator fundamental, uma vez que pode facilitar ou dificultar o processo de aprendizagem e levar o aluno tanto ao sucesso como ao fracasso.

Pode-se dizer que há uma íntima relação entre a atividade cognitiva realizada c os sentimentos produzidos nos alunos. A confiança que se constrói na relação com o professor aumenta o compromisso do aluno com a atividade, com os conteúdos desenvolvidos, com o estudo — enfim, com o processo de ensino/aprendizagem. Essa relação de confiança é construída a partir da coerência entre o que o professor fala e o que faz. Esses sentimentos, produzidos nessa situação específica, são socialmente construídos. O tipo de mediação que se estabelece entre professores e alunos, através, principalmente, da linguagem, constitui tais sentimentos. Segundo Leite e Tassoni,

> O ato de ensinar e o de aprender envolvem certa cumplicidade do professor a partir do planejamento das suas decisões de ensino assumidas; mas tal cumplicidade também se constrói nas interações, através do que é falado, do que é entendido, do que é transmitido e captado pelo olhar, pelo movimento do corpo que acolhe, escuta, observa e busca a compreensão do ponto de vista do aluno (2004, p. 433).

Embora seja apresentado o relato de apenas um sujeito neste texto, os dados da pesquisa original (Barros, 2011) demonstram que o mesmo padrão de mediação pedagógica, exercida pela professora, foi observado com relação aos demais sujeitos participantes. Na sequência, discutiremos alguns aspectos identificados nas falas dos alunos que facilitaram o seu envolvimento com práticas sociais de leitura e escrita, a partir desse processo de mediação planejado e desenvolvido pela professora.

Observamos que os alunos em questão identificaram a *disponibilidade da professora* e a interpretaram como uma das possibilidades de ajuda no processo de aprendizagem. A disponibilidade da professora, percebida pelos alunos, concretizou-se em ações pedagógicas muito efetivas — dar dicas, informações, explicar passo a passo, dar ideias, mostrar como faz, dar exemplos, ensinar a estudar, mostrar diferentes maneiras etc. De acordo com Oliveira:

> [...] como na escola o aprendizado é um resultado desejável, é o próprio objetivo do processo escolar, a intervenção é um processo pedagógico privilegiado. O professor tem o papel explícito de interferir na zona de desenvolvimento proximal dos alunos, provocando avanços que não ocorreriam espontaneamente (1997, p. 62).

Assim como Oliveira, Rego, ao discutir as implicações da abordagem vigotskiana para a educação, afirma que:

> [...] no cotidiano escolar, a intervenção "nas zonas de desenvolvimento proximal" dos alunos é de responsabilidade (ainda que não exclusiva) do professor, visto como o parceiro privilegiado, justamente porque tem maior experiência, informações e a incumbência, entre outras funções, de tornar acessível ao aluno o patrimônio cultural já formulado pelos homens e portanto, desafiar através do ensino os processos de aprendizagem [...] Nessa perspectiva, as demonstrações, explicações e questionamentos do professor são fundamentais no processo educativo (2002, p. 115).

Diversas foram as falas que se referiram à *presença constante da professora* durante o desenvolvimento das atividades. Sua presença traduziu-se em comportamentos de proximidade física, palavras de incentivo e elogio, dicas de como realizar a tarefa e correção. Dados semelhantes foram identificados na pesquisa realizada por Tassoni (2000), demonstrando que a postura e os conteúdos verbais constituem-se fortes veículos de expressão da afetividade. A autora concluiu que a linguagem oral tem um papel fundamental na relação professor-aluno, assim como as posturas corporais. Por meio dessas duas grandes categorias, a comunicação afetiva torna-se contínua, sendo que ambas complementam-se, influenciando consideravelmente o processo de aquisição da leitura e escrita.

A postura de atenção e disponibilidade da professora com relação às necessidades dos alunos mostra-se fundamental para a aprendizagem efetiva e para o estabelecimento de uma relação afetivamente positiva entre sujeito e objeto, pois:

> O que se diz, como se diz, em que momento e por quê — da mesma forma que o que se faz, como se faz, em que momento e por quê — afetam profundamente as relações professor-aluno e, consequentemente, influenciam diretamente o processo de ensino e aprendizagem, ou seja, as próprias relações entre sujeito e objeto (Tassoni, 2000, p. 149).

Desta forma, observamos que o comportamento adotado pela professora foi valorizado pelos alunos como fundamental para o sucesso na realização das atividades, constituindo-se como demonstração de atenção facilmente percebida por eles, viabilizando a constituição de relações afetivas positivas entre os alunos e os conteúdos em questão.

Sendo assim, é importante considerar que a afetividade expressa pelo professor, ao mediar as interações do aluno com a leitura e a escrita, é constitutiva dos significados e sentidos que o aluno irá construir sobre si mesmo como sujeito leitor e escritor, sobre seu processo de aprendizagem e sobre o próprio objeto de conhecimento. Em outras palavras, o sucesso ou o fracasso do aluno é, basicamente, produzido no e pelo próprio processo de ensino e aprendizagem, tendo a mediação do professor um papel fundamental.

Ao planejar as etapas do ensino, organizar a sala, propor formas de trabalho aos alunos, explicar os conteúdos etc., o professor desempenha diariamente o papel de *mediador pedagógico*. Esse papel também é exercido ao perceber posturas corporais dos alunos que revelam desconforto, não entendimento, falta de interesse, ou, pelo contrário, entusiasmo e compreensão, lampejos de entendimento. Em ambas situações, a professora atuou animando-os nas dificuldades, incentivando-os e reconhecendo suas conquistas e sucessos.

O desejo explícito da professora em *ajudar os alunos* nas diversas atividades foi identificado por eles como uma atitude fundamental para a aprendizagem. As aproximações que resultavam na observação da professora sobre o que eles estavam fazendo, aliados às dicas, aos elogios sobre os progressos e ao incentivo para a escrita, foram interpretados pelos sujeitos como um esforço da professora que visava ao sucesso da realização das atividades de aprendizagem. A intervenção pode ter sido solicitada por um aluno, ou a própria professora pode ter iniciado o processo com o objetivo de que o aluno desempenhasse a atividade de maneira satisfatória. Faz-se necessário ressaltar que, mesmo as intervenções que tinham o caráter de correção, eram muito bem recebidas pelos alunos. Falando de forma tranquila, sem expor os alunos à ameaça, a professora corrigia-os, permitindo que revissem o que estavam escrevendo e, desta forma, proporcionava as condições afetivas necessárias para um bom desempenho.

Manifestando-se através da *instrução,* da *correção* e do *feedback,* o processo de ensino da professora configurou-se como fundamental para o bom desempenho dos alunos nas atividades. Essas ações podem ser interpretadas como elos entre os alunos e as práticas de leitura e escrita — elementos mediadores fundamentais entre sujeito e objeto. As falas dos alunos apontam para a mediação da professora ocorrendo de forma a conduzi-los no processo da aprendizagem, proporcionando instrução adequada sobre as tarefas, a correção no momento oportuno visando ao sucesso do aluno e o *feedback* avaliando a sua produção durante e ao final da atividade.

Souza, discutindo os resultados obtidos na pesquisa em que analisou e descreveu os elementos constitutivos das relações de mediação de uma professora, visando à superação/compreensão do erro produzido por seus alunos, aponta, em sintonia com os dados aqui examinados, que: "A presença do *feedback* constitui uma condição importante para o sucesso da superação/compreensão do erro pelo aluno, pois oferece estímulos para a continuidade do seu desenvolvimento" (2006, p. 187-88).

Pelos relatos, observamos que os *feedbacks* — momentos de intervenção de caráter corretivo — foram vistos pelos alunos como importantes para o seu sucesso no processo de aprendizagem. Nota-se que eles encararam esses momentos com tranquilidade, dada a forma cuidadosa com que a professora realizou as devidas correções, sem expô-los a situações constrangedoras e sem ameaças.

As falas também sugerem que, além do ensino da leitura e escrita, as *práticas pedagógicas* da professora contribuíram significativamente para que os alunos se motivassem intrinsecamente, incentivando-os a ler e escrever cada vez mais e melhor. Durante as sessões de observação, foi possível perceber que a professora compartilhou com seus alunos o prazer pela leitura e escrita, além do sentimento de satisfação por poder fazer da escrita um precioso instrumento para a vida cotidiana. Em suas aulas, observamos a professora propagar entre seus alunos o gosto pela leitura e escrita, dando à sua mediação o caráter contagioso da afetividade, de que fala Wallon (1968).

Com relação a esses aspectos, Leite observa que, no processo de interrelação entre professor e aluno, "o comportamento do professor, em sala de aula, através de suas intenções, crenças, seus valores, sentimentos e desejos, afeta cada um" (2006, p. 28). Da mesma forma, Mahoney e Almeida apontam que "queira ou não, o professor é um modelo, na sua forma de relacionar-se, de expressar seus valores, na forma de resolver conflitos, na forma de falar e ouvir" (2004, p. 26).

É possível dizer que a professora facilitou o *gosto pela leitura*, principalmente pela atividade de leitura diária que realizava. Observamos, nos relatos de quase todos os sujeitos, significativo desenvolvimento em termos qualitativos e quantitativos, ou seja, aumento na frequência de sua leitura e também melhoria de sua compreensão.

Diversas pesquisas já demonstraram que é através do modelo de leitor que o indivíduo desenvolve a prática de leitura, tanto no contexto familiar como no contexto escolar. Segundo Lajolo, "um professor precisa gostar de ler, precisa ler muito, precisa envolver-se com o que lê..." (1994, p. 108). Para esta autora, a leitura contribui para ampliar a visão de mundo, estimular o desejo de outras leituras, exercitar a fantasia e a imaginação, compreender o funcionamento comunicativo da escrita, compreender a relação fala/escrita, desenvolver estratégias de leitura, ampliar a familiaridade com os textos, desenvolver a capacidade de aprender, ampliar o repertório textual e de conteúdos para a produção dos próprios textos, conhecer as especificidades dos diferentes tipos de texto. Para experimentá-las, não é preciso ler por si mesmo. É possível ler "através" do professor. Portanto, na rotina da sala de aula, seja qual for a idade dos alunos, parece relevante que sejam garantidos momentos diários de leitura pelo professor e pelos alunos.

O professor, ao demonstrar-se leitor para os alunos, pode constituir-se um modelo adequado, contagiando-os com o prazer e o entusiasmo pela leitura. Por isso, é importante que ele tenha a leitura como um valor cultural e a pratique de maneira envolvente para si e para os alunos (Grotta, 2001), motivando-os para a leitura de diversos gêneros, e não apenas pelos textos escolares. O mesmo é válido para a escrita, pois o professor também pode ser considerado um modelo de escritor para os alunos.

Importante destacar que o *desenvolvimento da capacidade de compreensão* do que se lê não ocorre de forma natural, nem está intrinsecamente desenvolvida no sujeito; ao contrário, precisa ser exercitada e ampliada em diversas atividades através de competentes mediadores culturais. O professor contribui efetivamente para o desenvolvimento dessa habilidade pelos alunos quando: lê em voz alta e comenta ou discute com eles os conteúdos, além da função dos textos lidos; proporciona-lhes familiaridade com diferentes gêneros textuais; aborda as características gerais desses gêneros (do que eles costumam tratar, como se estruturam); instiga os alunos a prestarem atenção e explicarem os "não ditos" do texto, a descobrirem e explicarem os porquês etc.

Reconhecer diferentes gêneros textuais e identificar suas características gerais favorece o trabalho de compreensão porque orienta, adequadamente, as expectativas do leitor diante do texto. O professor contribui para isso quando propõe, antes da leitura, perguntas que suscitam a elaboração de hipóteses interpretativas, que serão verificadas durante e depois da leitura. Todos esses cuidados com os textos estavam presentes na prática pedagógica da professora observada.

Nessa prática, houve também muitas atividades que envolviam a questão do *desenvolvimento da linguagem oral* em sala de aula, por parte dos alunos, como meio de promover a participação nas atividades de ensino. Dar voz ao aluno, antes e durante as atividades de ensino, é o caminho para reconhecer suas experiências e conhecimentos, para identificar o ponto de partida de onde se pretende ampliar e prosseguir. Foi sempre presente a preocupação da professora em dar voz aos alunos, seja com perguntas durante as atividades, seja com questões sobre os conteúdos. Porém, o mais importante a ser ressaltado é que não foi apenas em momentos aleatórios ou por costume que a professora chamava os alunos a se expressarem. A participação dos alunos era planejada pela professora; suas opiniões, experiências e conhecimentos eram parte importante do desenvolvimento da atividade pedagógica. A escolha de textos, materiais e atividades foi intencionalmente relacionada com temas ligados à história de vida dos sujeitos, onde eles não apenas identificavam-se com o texto, mas eram levados a narrar sua realidade, de uma forma a sentirem-se valorizados e participantes na atividade.

Nesse movimento de dar voz aos alunos, eles não valorizavam apenas o momento de fala sobre si mesmos, mas apreciavam e sentiam prazer em ouvir os outros companheiros de turma narrando suas experiências.

A professora, invocando a narrativa dos alunos, tomava ciência de suas histórias de vida, suas experiências e seus conhecimentos. Assim, ela programava *atividades de ensino a partir dos conhecimentos dos educandos*. De acordo com Freire:

> O que tenho dito sem cansar, e redito, é que não podemos deixar de lado, desprezados como algo imprestável, o que educandos, sejam crianças chegando à escola ou jovens e adultos ao centro de educação popular, trazem consigo de compreensão do mundo, nas mais variadas dimensões de sua prática na prática social de que fazem parte. Sua fala, seu modo de contar, de calcular, de seus saberes em torno da saúde, do corpo, da sexualidade, da vida, da morte, da força dos santos, dos conjuros (1983, p. 72).

O professor, tendo como ponto de partida a realidade de seus alunos, estabelece objetivos claros e precisos e, a partir de uma base teórica, recorre a estratégias para planejar, prever, organizar e dirigir situações de ensino, avaliando continuamente a progressão da aprendizagem desses alunos e tomando decisões de reorganização da ação sempre que necessário.

Os alunos dessa pesquisa, ao verem seus conhecimentos valorizados, envolviam-se na atividade e sentiam-se participantes ativos de um processo de crescimento. A ideia da professora era expandir os conceitos e saberes a partir do que eles dominavam, identificados através do diálogo com eles. Em síntese, a ideia era aumentar qualitativamente o rol de conhecimentos discentes, tendo como ponto de partida o que já conheciam.

Os dados revelaram também que, à medida que os alunos sentiam que estavam aprendendo, estimulavam-se para continuar estudando, pois tal percepção aumenta sua expectativa de sucesso. Nas palavras de Leite (2006), autoestima e bom desempenho alimentam-se mutuamente.

Outro aspecto a ser considerado é que as atividades observadas previam oportunidades para o ensino da *leitura e escrita em um contexto que incluía as práticas sociais*, integrando alfabetização e letramento, o que, segundo Soares (2003), garante que os indivíduos identifiquem suas funções, além de percebê-las integradas no ambiente social.

Di Nucci (2002) coloca que alfabetizar letrando significa ensinar o código escrito de maneira contextualizada, sendo a escrita utilizada de acordo com as práticas sociais. Significa, portanto, desenvolver atividades e vivenciar situações que envolvam a leitura e a escrita, numa perspectiva crítica e não do ponto de vista adaptativo de codificação e decodificação do código escrito. A autora também coloca que é preciso que a escola, e mais especificamente os educadores, promovam a reflexão sobre a escrita para que ela seja compreendida nos seus usos e funções sociais presentes no cotidiano.

Dada a variedade dos tipos de atividades utilizadas, foi possível inferir que, com a preocupação de diferenciar as atividades, a professora contemplou as preferências dos alunos. Neste sentido, criaram-se oportunidades para o exercício da leitura e da escrita de forma agradável e prazerosa, contribuindo para a aprendizagem.

Uma dessas atividades que se destacaram como agradáveis e prazerosas para os alunos foi o *trabalho com fábulas*, que possibilitou situações de reflexão, questionamento de padrões de comportamento e das relações de poder, a partir dos conteúdos que transparecem nessas narrativas. Foi exatamente neste sentido que a professora procurou focar o trabalho com esse tipo de texto. Sendo um gênero que explicita modos devidos e indevidos de comportamento, atuando sobre o leitor numa perspectiva predominantemente ética, as fábulas não deixavam de lhes proporcionar, no entanto, uma leitura, a um só tempo crítica e prazerosa.

Considera-se importante destacar, também, o *trabalho com jornais* realizado pela professora, que foi alvo de muitos comentários nas entrevistas. Os alunos demonstraram grande interesse pela leitura desse portador textual. Podemos inferir que o trabalho com jornal realizado em sala de aula — cuja abordagem dava-se através da leitura, discussão e produção escrita a respeito de reportagens, notícias e matérias jornalísticas, além do incentivo dado pela professora — tenha contribuído para o aumento de interesse, frequência e proficiência na leitura diária desse material.

Ao planejar e proporcionar aos alunos *atividades motivadoras*, o que foi reconhecido pelos alunos, a professora garantiu que o seu desenvolvimento em sala de aula e o próprio processo de aprendizagem fossem prazerosos. Como exemplo, cita-se a utilização de diferentes gêneros textuais, presentes no ambiente social, com os quais os alunos já mantinham contato.

A esse respeito, Marcuschi (2002) considera que um ensino que tenha como um de seus objetivos a exploração dos gêneros textuais, tanto na língua falada quanto na escrita, tende a ser mais produtivo, pois permite que os aprendizes consigam expressar-se nas diversas manifestações às quais sejam expostos. O autor coloca que os gêneros têm existência real, que se expressa em manifestações diversas, tais como: receitas culinárias, cartas, bilhetes, textos jornalísticos etc. Não se constituem em uma listagem fechada e completa. São formas textuais estabilizadas, histórica e socialmente situadas e sua definição não é linguística, mas de natureza sociocomunicativa.

Em relação ao *trabalho realizado com os diversos gêneros textuais* que circulam em nossa sociedade, os sujeitos relataram, nas entrevistas, que a utilização de textos reais contribuiu para o desenvolvimento de suas competências para ler e escrever, bem como para o aumento de seu interesse e motivação pelas práticas de leitura e pela escrita.

Esclareceram que o fato de terem realizado, em sala de aula, determinadas atividades de leitura e escrita, contribuiu para que passassem a fazê-lo também em outros contextos de sua vida diária, como, por exemplo, em casa ou no trabalho, sugerindo a estreita relação entre as práticas pedagógicas vivenciadas na escola e as práticas de letramento no ambiente social.

Nota-se que os alunos referem-se à relação entre os conteúdos das aulas e a atividade cotidiana. Podemos inferir que, ao vislumbrarem relações entre aquilo que aprenderam na escola e a própria vida, os alunos apropriaram-se dos conteúdos com sucesso, estabelecendo-se uma relação positiva com eles.

Ao contrário, podemos supor que, quando o aluno não percebe relação alguma entre os temas tratados na escola e a própria vida, corre-se o risco de o insucesso ocorrer logo no início do processo de ensino-

-aprendizagem, anulando-se as possibilidades de se estabelecer uma boa relação com o objeto de conhecimento. Leite aponta que o ensino desvinculado da vida traz enormes prejuízos para o estabelecimento de uma relação positiva entre o aluno e o objeto de conhecimento:

> Grande parte do ensino tradicional é marcada por objetivos irrelevantes, do ponto de vista do aluno, o que colaborou com a construção de uma escola divorciada da realidade, principalmente no ensino público, caracterizada pelo fracasso em possibilitar a criação de vínculos entre os alunos e os diversos conteúdos desenvolvidos. [...] o conhecimento acumulado em determinada área deve estar disponível para que as pessoas melhorem as suas condições de exercício da cidadania e de inserção social. Uma escola voltada para a vida implica objetivos e conteúdos relevantes, tomando-se como referência o exercício da cidadania, o que aumenta a chance de se estabelecerem vínculos afetivos entre o sujeito e os objetos (2006, p. 35).

Podemos sugerir que o trabalho realizado pela professora em sala de aula, baseado na abordagem de diversos gêneros textuais que circulam em nossa sociedade, contribuiu para o envolvimento dos sujeitos com as práticas sociais de leitura e escrita, presentes em seu cotidiano.

As práticas alfabetizadoras podem se fazer com base em textos interessantes e relevantes, ao invés de frases descontextualizadas, como "a girafa está na geladeira", somente porque enfatizam determinada família silábica ou conteúdo linguístico. Os textos verdadeiros, de uso corrente, apresentam todos os conteúdos linguísticos envolvidos na escrita, sendo que os professores podem reorganizá-los sistematicamente para estudá-los com os alunos, após a leitura e discussão do texto. Nada impede a leitura — e o conhecimento — de uma receita para fazê-la ou transmiti-la a quem não a conhece para que, na sequência, os alunos identifiquem as letras e os sons semelhantes que aparecem em palavras como fubá, farinha, forma, forno, fogo, fermento etc.

Segundo Marcuschi, "o trabalho com gêneros textuais é uma extraordinária oportunidade de se lidar com a língua em seus mais diversos usos autênticos, no dia a dia. Pois nada que fizemos linguisticamente está fora de ser feito em algum gênero" (2002, p. 35).

Os Parâmetros Curriculares Nacionais destacam:

> Todo texto pertence a um determinado gênero, com uma forma própria, que se pode aprender. Quando entram na escola, os textos que circulam socialmente cumprem um papel modelizador, servindo como fonte de referência, repertório textual, suporte da atividade intertextual. A diversidade textual que existe fora da escola pode e deve estar a serviço da expansão do conhecimento letrado do aluno (Brasil, 1997, p. 34).

A língua deve entrar na escola da mesma forma que existe vida afora, ou seja, por meio de práticas sociais de leitura e escrita. A perspectiva é formar alunos que saibam produzir e interpretar textos de uso social — orais e escritos — e que tenham trânsito livre nas várias situações comunicativas que permitem plena participação no mundo letrado.

Este objetivo implica colocar o aluno em contato sistemático com o papel de leitor e escritor, compartilhando a multiplicidade de propósitos que a leitura e a escrita possuem: ler por prazer, para se divertir, para buscar alguma informação, para contar para os outros o que leu; escrever para expressar as ideias, para organizar os pensamentos, para aprender mais, para informar, para expressar sentimentos e tantos outros mais.

Observamos, pelos relatos dos alunos, que as práticas pedagógicas vivenciadas tiveram fundamental importância no desenvolvimento de práticas de leitura e escrita já existentes, bem como de *novas práticas de letramento* dos sujeitos da pesquisa, o que demonstra que o envolvimento com a leitura e a escrita não ocorre de modo natural ou espontâneo. Implica, ao contrário, planejamento, sistematização, organização e empenho por parte dos professores e da escola, de um modo geral. Em outras palavras, é preciso que as decisões sobre o ensino que se pretende ministrar sejam tomadas com seriedade e comprometimento.

Considerações finais

A questão do analfabetismo, no Brasil, tem preocupado inúmeros pesquisadores, em vários momentos da nossa história. A Educação de Jovens e Adultos — EJA — tem contribuído modestamente para a redução dos índices de analfabetismo brasileiro. De uma forma geral, percebe-se que esses índices, que ainda são altos,[2] estão caindo a cada censo realizado, mas num ritmo muito lento, apesar dos inúmeros programas desenvolvidos junto a essa população. No entanto, o problema do analfabetismo adulto poderia ter sido erradicado se, realmente, houvesse políticas públicas eficientes que garantissem o acesso e a permanência de jovens e adultos nos bancos escolares, incluindo a formação específica de professores para a área.

Na história da EJA, muitos foram os planos e projetos educativos direcionados para a erradicação do analfabetismo. Porém, não houve, efetivamente, por parte do Estado, uma ação afirmativa a favor da alfabetização dos jovens e adultos que reconhecesse esses indivíduos como cidadãos com direito a uma educação de qualidade. Portanto, é uma questão basicamente política, que exige o compromisso dos educadores visando à elaboração de políticas públicas eficientes. Entretanto, para isso, também é necessário o esforço de produção de projetos, estudos e pesquisas que produzam um conhecimento relevante para a elaboração dessas políticas.

Neste sentido, este estudo representa uma contribuição: teve como objetivo descrever e analisar as práticas pedagógicas de uma professora de EJA e verificar seus impactos nas práticas de letramento dos seus alunos. Como já foi explicitado, buscamos uma professora que realizasse um trabalho de sucesso no envolvimento de jovens e adultos nas atividades de letramento. O diálogo com os alunos participantes da pesquisa, expresso nos dados coletados, mostrou a excelência do

---

2. De acordo com o Censo de 2010, a taxa de analfabetismo entre a população com mais de 30 anos é de 13,27%, enquanto fica nos modestos 3,22% para a população entre 10 e 29 anos.

trabalho desenvolvido pela professora, o qual foi reconhecido por todos os alunos.

O papel desempenhado pelo professor — como aqui demonstrado — é, portanto, fundamental em uma sala de EJA. É de extrema importância que ele auxilie o aluno a identificar o valor e a utilidade do estudo em sua vida, por meio de atividades ligadas a seu cotidiano, desenvolvendo práticas dinâmicas e estimulantes, valorizando e aproveitando os conhecimentos e as habilidades de cada um, promovendo o sentimento de grupo, pois quando se criam vínculos, os alunos sentem-se estimulados a participar do processo. Isto sugere que o professor de EJA necessita de uma formação específica, de acordo com as características e demandas da área, o que deve ser previsto por uma política pública séria, direcionada para esta área.

Ao decidir pelo uso de materiais relacionados com a realidade cotidiana e com a história de vida dos alunos adultos, a professora possibilitou que o processo de ensino-aprendizagem fosse afetivamente motivador para os sujeitos, uma vez que tais materiais faziam parte do campo de significação dos alunos. As atividades observadas previam oportunidades para o ensino do sistema convencional de escrita em um contexto que incluía as práticas sociais de leitura e escrita e a participação dos alunos, que sempre tinham voz durante as atividades.

Em muitos momentos, nos comentários dos alunos, destacaram-se o desejo e o prazer em realizar as atividades planejadas pela professora. Neste sentido, outro ponto relevante observado nas falas foi a importância das diversas formas de interação entre professora e alunos, as quais contribuíram para a construção de um sentimento de autoconfiança nos alunos, influindo diretamente no processo de aprendizagem. Podemos concluir que as experiências vividas em sala de aula permitiram trocas afetivas relevantes que não só marcaram positivamente a relação dos alunos com os objetos de conhecimento como também favoreceram a autonomia e fortaleceram a confiança em suas possibilidades e decisões.

Podemos afirmar que, na modalidade EJA — principalmente em função da não obrigatoriedade e pelas dificuldades enfrentadas pelos alunos na tentativa de conciliar trabalho, responsabilidades e estudos — se houver um ambiente em que o material utilizado seja inadequado para a faixa etária, os conteúdos sem significados e as metodologias infantilizadas, diminuem-se as chances de existir motivação para que o aluno retorne todos os dias. Assim, é provável que esses fatores expliquem, parcialmente, as altas taxas de evasão observadas nas turmas da EJA.

Os resultados desta pesquisa caracterizaram uma parcela dos alunos da EJA, em uma cidade do interior do Estado de São Paulo. Foi possível identificar uma ampliação das práticas de leitura e escrita realizadas pelos sujeitos, que podem ser claramente relacionadas com as práticas pedagógicas desenvolvidas pela professora. Mas tal relação não esgota o estudo das questões envolvidas na área. É necessário destacar que a EJA ainda necessita de diversos olhares sobre os vários aspectos que a constituem, para que se trilhem caminhos que vislumbrem uma educação realmente de qualidade para todos os jovens e adultos que estão começando ou tentam dar continuidade a seu processo de aprendizagem, marcados — esperamos — pelo sucesso escolar, como apontam os dados desta pesquisa.

Referências bibliográficas

ALMEIDA, L. R. Ser professor: um diálogo com Henri Wallon. In: MAHONEY, A. A.; ALMEIDA, L. R. (Orgs.). *A constituição da pessoa na proposta de Henri Wallon*. São Paulo: Loyola, 2004.

BARROS, F. R. *Alfabetização e letramento na educação de jovens e adultos*. Dissertação (Mestrado em Educação) — Faculdade de Educação, Universidade Estadual de Campinas, Campinas, 2011.

BOGDAN, R.; BIKLEN, S. K. *Investigação qualitativa em educação*: uma introdução à teoria e aos métodos. Portugal: Porto Editora, 1994.

BRASIL. Secretaria de Educação Fundamental. *Parâmetros Curriculares Nacionais*: Língua Portuguesa. Brasília: Ministério da Educação e do Desporto, 1997.

DI NUCCI, E. P. *Práticas de letramento de alunos do Ensino Médio*: um estudo descritivo. Tese (Doutorado em Educação) — Faculdade de Educação, Universidade Estadual de Campinas, Campinas, 2002.

FREIRE, P. *Educação como prática de liberdade*. Rio de Janeiro: Paz e Terra, 1983.

______. *Pedagogia do oprimido*. Rio de Janeiro: Paz e Terra, 1983.

GROTTA, E. C. B. Formação do leitor: importância da mediação do professor. In: LEITE, S. A. S. (Org.). *Alfabetização e letramento*: contribuições para as práticas pedagógicas. Campinas: Komedi/Arte Escrita, 2001.

LAJOLO, M. *Do mundo da leitura para a leitura do mundo*. São Paulo: Ática, 1994.

LEITE, S. A. S. (Org.). *Afetividade e práticas pedagógicas*. São Paulo: Casa do Psicólogo, 2006.

______; TASSONI, E. C. M. A afetividade em sala de aula: as condições de ensino e a mediação do professor. In: AZZI, R.; FALCÃO, A. M. S. (Orgs.). *Psicologia e formação docente*: desafios e conversas. São Paulo: Casa do Psicólogo, 2004.

LÜDKE, M.; ANDRÉ, M. E. D. A. *Pesquisa em educação*: abordagens qualitativas. São Paulo: EPU, 1986.

MAHONEY, A. A.; ALMEIDA, L. R. Afetividade de processo de ensino-aprendizagem: contribuições de Henri Wallon. *Psicologia da Educação*, São Paulo, v. 20, p. 11-30, jan./jun. 2005.

MARCUSCHI, L. A. Gêneros textuais: definição e funcionalidade. In: DIONISIO, A. P.; MACHADO, A. R.; BEZERRA, M. A. (Orgs.). *Gêneros textuais e ensino*. Rio de Janeiro: Lucerna, 2002.

MOYSÉS, L. M. M. *A Autoestima se constrói passo a passo*. Campinas: Papirus, 2001.

OLIVEIRA, M. K. *Vygotsky*: aprendizado e desenvolvimento: um processo sócio-histórico. São Paulo: Scipione, 1997.

RIBEIRO, V. M. M. (Org.). *Letramento no Brasil*: reflexões a partir do Inaf. São Paulo: Global, 2003.

SOARES, M. B. *Letramento e Alfabetização:* as muitas facetas. In: REUNIÃO ANUAL DA ANPED, 27., Grupo de Trabalho: Leitura, Alfabetização e Letramento, Caxambu, 2003.

SOUZA, R. A. M. *A mediação pedagógica da professora*: o erro na sala de aula. Tese (Doutorado em Educação) — Faculdade de Educação, Universidade Estadual de Campinas, Campinas, 2006.

TASSONI, E. C. M. *Afetividade e a produção escrita*: a mediação do professor em sala de aula. Dissertação (Mestrado em Educação) — Faculdade de Educação, Universidade Estadual de Campinas, Campinas, 2000.

WALLON, H. *A evolução psicológica da criança*. Lisboa: Edições 70, 1968.

Alfabetização de Jovens e Adultos na perspectiva do letramento:

relato de uma professora-pesquisadora

*Lucia Maria de Santis Barella**

> *"O que a prática pedagógica deve almejar é a criação de oportunidades de se experimentar a leitura e a escrita de textos significativos que cumpram funções sociais e psicológicas reais".*
>
> VERA MASAGÃO RIBEIRO

O presente texto foi escrito a partir de uma pesquisa realizada durante o ano de 2005, em uma das salas de aula da Fumec — Fundação Municipal para Educação Comunitária, do município de Campinas (SP), na qual eu era professora, e que resultou em minha dissertação de mestrado, defendida no início de 2007 (Barella, 2007).

O objetivo do estudo era descrever o desenvolvimento das práticas de leitura e escrita de jovens e adultos, alunos da referida fundação, identificando as possíveis relações com as práticas pedagógicas viven-

* Pedagoga, mestre em Educação pela Faculdade de Educação da Unicamp, professora da Fumec (Fundação Municipal para Educação Comunitária), Campinas (SP).

ciadas por eles, em sala de aula. Tais práticas, por sua vez, referiam-se a um processo de alfabetização baseado na perspectiva do letramento, tendo como base teórica a abordagem histórico-cultural e os estudos sobre letramento.

A metodologia de pesquisa adotada foi a abordagem qualitativa do tipo etnográfico. A coleta de dados deu-se por meio de entrevistas realizadas com os sujeitos no início e no final do processo, registros feitos por mim em diário de campo e anotações feitas por meus alunos sobre suas práticas de leitura e escrita, em diários individuais.

Os resultados, produtos da análise das respostas emitidas pelos sujeitos nas entrevistas e anotações feitas por eles, demonstram uma ampliação das práticas de leitura e escrita dos sujeitos, que podem ser relacionadas com as práticas pedagógicas desenvolvidas em sala de aula, durante o processo de alfabetização.

De quem estamos falando? A professora-pesquisadora

Graduei-me em Pedagogia pela Universidade Estadual de Campinas (Unicamp) em 1998. No ano seguinte, iniciei um curso de Pós-graduação "Especialização em Psicopedagogia", na Universidade São Francisco (USF), o qual concluí em 2000.

No ano de 2003, ingressei no programa de mestrado, na Faculdade de Educação da Unicamp, onde defendi minha dissertação em fevereiro de 2007.

Trabalho com Educação de Jovens e Adultos desde 2000, quando ingressei, através de concurso público, na Fumec.

Concomitantemente, de 2001 a 2003, fui professora no CEES — Centro Estadual de Educação Supletiva da Unicamp — Paulo Decourt, de 1ª à 4ª série, atendendo exclusivamente os funcionários da universidade.

Antes disso — de 1998 a 2000 — trabalhei em uma escola da rede particular de ensino do município de Campinas, com crianças de 1º, 2º e 5º anos.

Os alunos-sujeitos

Foram escolhidos sete sujeitos, de uma turma de quinze alunos, dos quais cinco eram mulheres e dois homens. Tal escolha se deu em função desses alunos terem demonstrado, desde as primeiras aulas, interesse, motivação, entusiasmo, dedicação e assiduidade, acima da média.

Todos foram informados a respeito da realização da pesquisa e de que seus nomes (identidades) seriam mantidos em sigilo e concordaram em participar.

A cada sujeito foi atribuído um nome fictício que, além de garantir o sigilo a respeito de seus nomes, confere um tom pessoal às referências que lhes são feitas durante o trabalho. Portanto, os sujeitos são assim identificados: S1: Vitor, S2: Lilian, S3: Sofia, S4: Luiza, S5: Marcos, S6: Bruna e S7: Carolina.

Para a descrição do nível socioeconômico, utilizou-se a categorização apresentada no manual do vestibular da Unicamp, em que são descritas oito categorias definidas a partir da classificação da ocupação profissional dos alunos. De acordo com essa categorização, todos os sujeitos que participaram de minha pesquisa pertencem às categorias VII e VIII que representam, respectivamente, ocupações manuais não especializadas — vendedor ambulante, porteiro, tintureiro, pedreiro — e ocupações do lar, como aposentado e dona de casa. Portanto, foram classificados como sendo de nível socioeconômico baixo.

Conforme relatado por eles, frequentaram a escola por muito pouco tempo, quando eram crianças, pois precisavam ajudar os pais no sustento da casa, além da dificuldade de acesso a ela.

Tabela 1 — Caracterização dos sujeitos

Sujeitos	Idade	Sexo	Estado civil	Naturalidade	Religião	Profissão
S1	65	M	Casado	Canindé (CE)	Católico	Aposentado
S2	35	F	Casada	Maceió (AL)	Evangélica	Empregada doméstica
S3	35	F	Casada	Maceió (AL)	Evangélica	Dona de casa
S4	23	F	Casada	Serra Talhada (PE)	Católica	Empregada doméstica
S5	35	M	Solteiro	Iaçú (BA)	Católico	Auxiliar de pedreiro
S6	31	F	Casada	Serra Talhada (PE)	Católica	Empregada doméstica
S7	50	F	Casada	Santa Fé do Sul (SP)	Evangélica	Dona de casa

Bases teóricas — Quem são os sujeitos da Educação de Jovens e Adultos?

Oliveira (2001) diz que é preciso caracterizar os alunos da educação de jovens e adultos como sujeitos de conhecimento e aprendizagem e ressalta a necessidade de se conhecê-los bem para ser possível trabalhar com eles. Coloca que esse jovem ou adulto, na maior parte dos casos, é o migrante, com passagem curta e não sistemática pela escola, trabalhando em ocupações urbanas não qualificadas, geralmente após trabalho rural na infância e adolescência. Na maioria das vezes, é filho de trabalhadores rurais não qualificados e com baixo nível de instrução escolar, geralmente analfabetos, e que busca a escola tardiamente para se alfabetizar ou cursar algumas séries do ensino supletivo. Relata, também, que o adulto está inserido no mundo do trabalho e das relações interpessoais de um modo diferente da criança e do adolescente. Traz consigo uma história mais longa e complexa de experiências, conhecimentos acumulados e reflexões sobre o mundo externo, sobre si mesmo e sobre outras pessoas.

A respeito da escola que se destina a educação de jovens e adultos, a autora chama a atenção para seu frequente caráter domesticador, mas também como um local de possibilidades. Para ela, a escola é, simultaneamente, um local de confronto de culturas cujo maior efeito é um tipo de domesticação dos membros dos grupos menos escolarizados, no sentido de confrontá-los a um padrão dominante de funcionamento intelectual e também um local de encontro de singularidades, como qualquer situação de interação social.

Finalmente, coloca que leitura e escrita não podem ser vistas como objetos de estudo apenas por alfabetizadores e professores de Língua Portuguesa, pois se constituem como ferramentas essenciais para se aprenderem muitos dos conteúdos das outras disciplinas do currículo da educação básica.

Para a autora, atualmente, os jovens também estão sendo excluídos da escola regular e incorporando-se aos cursos supletivos, em fases mais adiantadas de escolaridade.

No caso dos adultos que retornam à escola, pode-se dizer que, muitas vezes, sofrem uma dupla exclusão. Num primeiro momento, na infância, não podem estudar, pois precisam trabalhar para sobreviver e ajudar no sustento da família. Num segundo momento, na idade adulta, quando procuram uma escola que nem sempre está preparada para atendê-los.

Galvão e Soares consideram que:

> o adulto é produtor de saber e cultura e que, mesmo não sabendo ler e escrever, está inserido — principalmente quando mora nos núcleos urbanos — em práticas efetivas de letramento [...]. O adulto não é mero portador de "conhecimentos prévios", que precisam ser resgatados pelo alfabetizador para ensinar aquilo que quer, mas um sujeito que já construiu uma história de vida, uma identidade e cotidianamente produz cultura. (2004, p. 51)

Durante (1998) considera que a alfabetização de adultos é um campo complexo, pois também envolve questões, além de educacionais, relacionadas à situação de desigualdade socioeconômica em que se encontra grande parte da população brasileira e que, portanto, investir na educação não resolverá todos os problemas, mas pode contribuir para a formação de cidadãos autônomos e críticos para realizar mudanças mais amplas.

Segundo a autora, o desenvolvimento e a aprendizagem têm continuidade na fase adulta, sendo que a aprendizagem escolar é promotora do desenvolvimento cognitivo. Os processos de desenvolvimento, para além da adolescência, estão relacionados a três grandes fatores: etapa da vida, circunstâncias culturais, históricas e sociais da existência e experiências particulares de cada um, não generalizáveis a outros. Em suas palavras:

> [...] a educação de adultos deve-se pautar na diversidade de textos de uso social, considerados como a unidade básica do ensino. Desenvolver a competência textual de educandos pouco escolarizados envolve o domínio da produção e interpretação de textos de uso social, oral e escrito, o educando cumprindo o papel de escritor e leitor. (Durante, 1998, p. 13)

Para ela, as situações de aprendizagem vivenciadas em um ambiente de letramento possibilitam o domínio do sistema alfabético, uma vez que, através dele, os educandos ampliam sua capacidade de produzir e interpretar textos orais e escritos, desenvolvendo sua competência textual e criando uma nova postura diante da escrita. A aprendizagem da leitura e da escrita, a partir de textos de uso social ou vinculados aos conteúdos de outras áreas, propicia aos alunos a compreensão das funções da língua.

Linguagem e gêneros textuais

Uma vez que se pretendia desenvolver um processo de alfabetização na perspectiva do letramento, tornava-se necessário ensinar aos alunos o código e a tecnologia da escrita, bem como habilitá-los a utilizar os diversos gêneros textuais que circulam socialmente, instrumentalizando-os quanto ao uso da linguagem — oral e escrita. Para tanto, em minha prática pedagógica, estabeleci como eixos centrais do processo de ensino, os seguintes pontos:

1. O texto como ponto de partida e chegada do processo de alfabetização, através da leitura e da produção escrita de vários gêneros textuais que circulam socialmente (textos reais), como, por exemplo, jornais, revistas, embalagens, rótulos, bilhetes etc.
2. Garantia da qualidade na mediação, através de instruções claras, intervenções adequadas, dialogicidade, afetividade, auxílio, apoio etc.
3. Ênfase no processo de significação e construção de sentidos, através de atividades de meta e epilinguagem, cujo objetivo é a reflexão sobre a linguagem (sintaxe, semântica, gramática) e sua utilização: a quem se destina tal escrita, o que deseja comunicar, para quem, como comunicar melhor determinada ideia etc.
4. Ênfase em tarefas significativas de leitura e escrita, experimentando diferentes estratégias e refletindo sobre sua eficácia em cada situação.
5. Diálogo contínuo sobre tarefas de leitura e escrita, com vistas a incentivar o aluno a refletir sobre suas próprias concepções e estratégias e compará-las com as dos demais colegas.
6. Criação, em sala de aula, de situações em que o acesso à linguagem escrita se fizesse necessário, bem como de um ambiente que estimulasse e incentivasse a leitura e a escrita.
7. Ênfase na revisão textual, através de atividades de releitura e reescrita.
8. Consideração da diversidade da sala de aula quanto aos níveis de desenvolvimento dos alunos, idades, interesses, necessidades, histórias de vida etc.

9. Incentivo à leitura e à escrita. Uma das estratégias utilizadas foi a disponibilização de variados materiais de leitura, através da organização de uma biblioteca de classe.
10. Avaliação contínua e global, abarcando o desenvolvimento de atitudes relacionadas tanto à alfabetização quanto ao letramento, ou seja, tanto da qualidade e proficiência da leitura e da escrita quanto ao envolvimento dos sujeitos com as práticas sociais de leitura e escrita.

Como meu intuito era preparar os alunos para que utilizassem os diferentes gêneros textuais em situações reais de comunicação, parti do pressuposto de que o ensino da língua tem como objetivo a instrumentalização textual necessária para a atuação crítica e consciente do indivíduo, através das diversas possibilidades do mundo letrado (Perón, 2001).

O trabalho com textos se deu através da utilização de diferentes gêneros textuais que, de acordo com Marcuschi (2002), têm existência real e se expressam em designações diversas, tais como: receita culinária, bilhete, carta pessoal, reportagem jornalística etc. Não se constituem em listagem fechada e completa, mas são formas textuais estabilizadas, histórica e socialmente situadas e sua definição é de natureza sociocomunicativa e não linguística.

Os gêneros textuais e suportes de textos utilizados durante o ano letivo de 2005 foram:

- ✓ reportagens de jornal;
- ✓ receitas culinárias;
- ✓ matérias de revistas;
- ✓ bilhetes;
- ✓ cartas (comercial e familiar);
- ✓ cheques;
- ✓ guias de depósito bancário;
- ✓ fichas de solicitação de emprego;

- ✓ formulários;
- ✓ rótulos / embalagens;
- ✓ documentos pessoais;
- ✓ palavras cruzadas;
- ✓ caça-palavras;
- ✓ livros (literatura, autoajuda etc.);
- ✓ poesias;
- ✓ dicionário;
- ✓ provérbios;
- ✓ adivinhas;
- ✓ regras de jogos;
- ✓ cartões;
- ✓ propagandas;
- ✓ placas;
- ✓ crônicas;
- ✓ fábulas;
- ✓ textos informativos;
- ✓ folhetos de propaganda de supermercados, lojas etc.;
- ✓ gibis e outros.

Marcuschi (2000) considera mais produtivo um ensino que tenha como um de seus objetivos, em relação à Língua Portuguesa, a exploração dos gêneros textuais, nas modalidades falada e escrita, uma vez que permite que os aprendizes consigam expressar-se nas diversas situações de comunicação às quais sejam expostos (Santos et al., 2004).

Para mim, a abordagem de cada gênero textual deve passar por algumas etapas, que nem sempre seguem a mesma ordem: leitura do texto, análise de suas características estruturais e funcionais, produção escrita, revisão textual, reescrita. Esse processo deve responder às seguintes questões:

- ✓ Que texto é esse (o que ele é)?
- ✓ Para que serve?
- ✓ A quem se dirige?
- ✓ Qual é sua função?
- ✓ Em que situações é utilizado?
- ✓ Por quem é utilizado?
- ✓ Que informações contém?
- ✓ Que tipo de linguagem é utilizada?
- ✓ Como está organizado?

Em outras palavras, os procedimentos adotados para o desenvolvimento do trabalho com os gêneros textuais, em linhas gerais, eram os seguintes: o gênero textual era apresentado à turma, através de sua leitura. Em seguida, eu fazia o levantamento dos conhecimentos prévios dos alunos sobre ele, para, então, acrescentar as informações necessárias. Às vezes, tal sequência poderia ser invertida, ficando organizada da seguinte maneira; primeiro, eu dizia qual gênero seria estudado naquela aula e, antes de iniciar a leitura, fazia a identificação de suas características, junto com os alunos, e, em seguida, fazia a leitura do texto.

Além disso, reconheço a importância de outras agências ou situações de letramento, nas quais os indivíduos também constroem conhecimentos e desenvolvem habilidades relacionadas à leitura e à escrita, como, por exemplo, família, ambiente doméstico, trabalho, rua, associações de bairro, igrejas etc.

Sei também que a escola, sozinha, não dá conta de formar leitores, pois, para que isso aconteça, é preciso que o povo tenha o que ler, tenha acesso a materiais de leitura, bibliotecas públicas, condições para comprar jornal, revista, gibi etc., além de tempo para ler, estímulos para valorizar a leitura, acesso à educação formal e de qualidade, convivência com livros, uma política nacional de incentivo ao hábito de ler etc. (Silva, 1991).

No entanto, como coloca Oliveira (2000), na escola, onde o aprendizado é o objetivo de um processo que pretende conduzir ao desenvolvimento, a intervenção deliberada é um processo pedagógico privilegiado.

Portanto, pode-se dizer que os procedimentos regulares que ocorrem na escola, tais como demonstração, assistência, fornecimento de pistas, instruções etc., são fundamentais para a promoção de um ensino capaz de promover o desenvolvimento. A intervenção do professor tem, portanto, um papel fundamental na trajetória dos sujeitos que passam pela escola.

Mediação e afetividade

Deu sustentação à minha prática educativa o referencial teórico freireano, que aponta para alguns saberes necessários ao trabalho pedagógico, tais como: o respeito pelos saberes do educando, a rejeição a todas as formas de discriminação, a reflexão crítica sobre a prática, a alegria e a esperança, a convicção de que a mudança é possível, o comprometimento, o saber escutar, o reconhecimento de que a educação é ideológica, a disponibilidade para o diálogo, o querer bem aos educandos, dentre outros (Freire, 1996). Em outras palavras, é preciso que as decisões sobre o ensino que se pretende ministrar sejam tomadas com seriedade, comprometimento e responsabilidade. Tais decisões não são simplesmente pedagógicas e educacionais, mas, acima de tudo, políticas e ideológicas, pois, como coloca Freire:

> [...] É na realidade mediatizadora, na consciência que dela tenhamos, educadores e povo, que iremos buscar o conteúdo programático da educação. O momento deste buscar é que inaugura o diálogo como prática de liberdade (1987, p. 86-87).

Neste sentido, acredito, assim como Leite (2006), que todas as decisões que o professor assume, no planejamento e no desenvolvimento de seu trabalho, têm repercussões diretas no aluno, tanto no nível cognitivo quanto no afetivo. Do mesmo modo, as decisões do professor, que facilitam o processo de aprendizagem pelo aluno, aumentam as possibilidades do estabelecimento de relações afetivas positivas entre ele e os objetos de conhecimento. É provável que o inverso também seja verdadeiro, ou seja, que decisões de ensino inadequadas dificultem a aprendizagem, podendo produzir movimentos de afastamento entre o aluno e os conteúdos estudados.

De acordo com este autor, tudo indica que o sucesso ou o fracasso da aprendizagem tem implicações claras na autoestima do aluno, entendida como os sentimentos derivados da avaliação que o indivíduo faz de si mesmo. Na escola, tais sentimentos dependem das condições, facilitadoras ou não, que o aluno encontra em seu processo de aprendizagem, sendo que o planejamento de tais condições é de responsabilidade do professor.

Procurei também, desde as primeiras aulas, estabelecer um clima harmonioso, alegre, descontraído, tranquilo e amistoso na sala. Acredito que uma sala de aula — seja ela qual for — deve apresentar essas características, pois, como coloca Leite (2006), os aspectos afetivos influenciam os processos cognitivos.

No que diz respeito à aprendizagem da leitura e da escrita, Dantas (1993) defende que as relações afetivas que permeiam as interações dos sujeitos com essas habilidades começam a ser alimentadas por elogios e incentivos, por parte dos professores, às suas atividades intelectuais. De acordo com a autora, isso ocorre porque a afetividade — ao se desenvolver — incorpora as construções da inteligência e tende a se racionalizar, assumindo novas vias de expressão que servem também à atividade cognitiva, isto é, surgem novas formas de demonstrar afeição. Em suas palavras:

> com o advento da função simbólica que garante novas formas de preservação de objetos ausentes, a afetividade se enriquece com novos canais de expressão. Não mais restrita à troca dos corpos (toque, trocas de olhares, modulações da voz), ela agora pode ser nutrida através de todas

> as possibilidades de expressão que servem também à atividade cognitiva. Se a inteligência se confundia com afetividade na etapa anterior, de agora em diante esta última vai "cognitivizar", se for permitida tal expressão. Formas cognitivas de demonstrar afeição surgem: o ajuste fino da tarefa às possibilidades do aprendiz, a atenção dedicada a ele. (Dantas, 1993, p. 74)

É necessário destacar a importância da afetividade na mediação do professor, uma vez que esta dimensão é indispensável na atividade docente. Tal visão supera a tradicional concepção dualista de homem que separa corpo e mente, razão e emoção, afeto e cognição, na direção de uma interpretação monista, na qual pensamento e sentimento se relacionam continuamente.

Ainda sobre este tema, busquei suporte teórico em Wallon e Vygotsky, autores sociointeracionistas que apresentam vários pontos comuns sobre a questão da afetividade: ambos assumem que as manifestações emocionais, inicialmente orgânicas, desenvolvem-se na/pela cultura, passando a atuar no universo simbólico, ampliando-se e complexificando suas formas de manifestações; assumem, pois, a afetividade como uma dimensão socialmente constituída; entendem que afetividade e inteligência são fundantes no processo de desenvolvimento humano (Leite e Tassoni, 2002).

Wallon (1968) considera que toda interação, por envolver relações entre pessoas, está imbuída de conteúdos afetivos. Este autor, a partir de seus estudos sobre o desenvolvimento infantil, constata que as emoções estão presentes desde as primeiras interações do ser humano (bebê) com o outro (mãe) e afirma que é a emoção que impulsiona essa interação. Através do choro, espasmos e contrações musculares, o bebê expressa estados orgânicos de fome e dor, o que mobiliza a mãe para a satisfação de suas necessidades básicas. Neste sentido, Wallon demonstra que a emoção é a razão primeira das interações sociais.

De acordo com Almeida, "é no convívio com o meio social, na interação com os outros, que as emoções rudimentares vão se tornando mais socializadas [...]. A forma e a intensidade das emoções são construídas desde as primeiras interações do indivíduo com o meio social" (1999, p. 69).

As emoções, através das interações sociais, possibilitam que o sujeito acesse o mundo simbólico da cultura e, neste sentido, as bases da inteligência são estabelecidas pelas emoções, pois graças a elas os instrumentos (signos) são internalizados, instrumentos esses com os quais a cognição opera e se desenvolve (Grotta, 2000).

Segundo Dantas (1992), Wallon defende a ideia de que a afetividade é um componente da ação e que, no início da vida, afetividade e inteligência estão sincreticamente misturadas, com o predomínio da primeira. Em suas palavras:

> a diferenciação logo se inicia, mas a reciprocidade entre os dois desenvolvimentos se mantém de tal forma que as aquisições de cada uma repercutem sobre a outra permanentemente [...]. A história da construção da pessoa será constituída por uma sucessão pendular de momentos dominantemente afetivos ou dominantemente cognitivos, não paralelos, mas integrados. Cada novo momento terá incorporado as aquisições feitas no nível anterior, ou seja, na outra dimensão. Isto significa que a afetividade depende, para evoluir, de conquistas realizadas no plano da inteligência e vice-versa. (Dantas, 1992, p. 90)

Por sua vez, Vygotsky (1994), através de seus estudos sobre o processo de formação das funções psíquicas superiores, defende que o pensamento e a linguagem humana são construídos a partir de relações sociais internalizadas, vividas no ambiente social.

Desta teoria, três pontos merecem destaque: o conceito de zona de desenvolvimento proximal, a relação entre a aprendizagem e o desenvolvimento e o papel da mediação — realizada na escola, fundamentalmente pelo professor — entre o indivíduo e os conteúdos da cultura.

A mediação é um dos conceitos centrais da teoria histórico-cultural desenvolvida por Vygotsky (1994) e seus colaboradores. Para o autor, o sujeito constitui-se na e pela interação com o meio e com os objetos culturais, interação essa que não é direta, mas mediada pelo outro, através da linguagem (sistemas simbólicos), instrumentos e signos.

O conceito de zona de desenvolvimento proximal baseia-se na ideia de que "o desenvolvimento psicológico deve ser olhado de maneira prospectiva, isto é, para além do momento atual, com referência ao que está por acontecer na trajetória do indivíduo" (Oliveira, 2000, p. 12). Refere-se àquilo que o indivíduo faz com a ajuda do outro, mas que, posteriormente, será capaz de fazer autonomamente — dependendo da qualidade da mediação que, na escola, é desenvolvida basicamente pelo professor.

Em termos de atuação pedagógica, esse postulado traz consigo a ideia de que o papel do professor é interferir na zona de desenvolvimento proximal dos alunos, provocando avanços que não ocorreriam espontaneamente.

Outra afirmação importante de Vygotsky é a de que os processos de aprendizagem movimentam os processos de desenvolvimento, ou seja, é o aprendizado que possibilita o despertar de processos de desenvolvimento. Para ele, o aprendizado está relacionado ao desenvolvimento desde o início da vida humana, sendo um aspecto fundamental do processo de desenvolvimento das funções psicológicas superiores, especificamente humanas. Deriva daí uma implicação para o ensino, qual seja, a de que a escola — agência socialmente planejada para possibilitar às novas gerações a apropriação dos saberes e conhecimentos acumulados pelas gerações anteriores — tem um papel essencial na promoção do desenvolvimento psicológico e cognitivo dos indivíduos que vivem nas sociedades letradas (Oliveira, 2000).

Finalmente, a terceira ideia, central na abordagem histórico-cultural, é a da importância das interações sociais, da atuação do outro na mediação entre o indivíduo e a cultura, na promoção do desenvolvimento psicológico, através dos processos interpsicológicos que serão posteriormente internalizados. Vygotsky (1994) postula que o percurso do desenvolvimento humano se dá de fora para dentro, ou seja, primeiramente o indivíduo realiza ações externas, que serão interpretadas pelas pessoas ao seu redor, de acordo com os significados culturalmente estabelecidos. A partir dessas interpretações é que será possível para o indivíduo atribuir significados e sentidos às suas próprias ações e desenvolver processos psicológicos internos que podem ser interpretados por ele próprio a partir dos mecanismos estabelecidos pelo grupo cultural e compreendidos por meio dos códigos compartilhados pelos outros membros.

Isso implica considerar que ninguém aprende sozinho, através apenas do contato com os objetos de conhecimento. Em se tratando da aprendizagem da leitura e da escrita, por indivíduos jovens e adultos, o que nos interessa discutir aqui, isso ganha ainda mais força e notabilidade.

A simples inserção em uma sociedade grafocêntrica e o contato com a escrita não bastam para que os sujeitos aprendam a ler e a escrever de forma autônoma e competente. É preciso que eles vivenciem um processo sistematizado de ensino (organizado e planejado), para que possam aprender de fato, sendo a escola a principal agência social encarregada de ministrar esse ensino.

Retomando a questão da afetividade e sua importância nas interações que ocorrem no contexto escolar, Leite coloca que:

> [...] a afetividade constitui-se como um fator de grande importância na determinação da natureza das relações que se estabelecem entre os sujeitos (alunos) e os demais objetos de conhecimento (áreas e conteúdos escolares), bem como na disposição dos alunos diante das atividades propostas e desenvolvidas. É possível, assim, afirmar que a afetividade está presente em todos os momentos ou etapas do trabalho pedagógico desenvolvido pelo professor, e não apenas nas suas relações tête-à-tête com o aluno. (2006, p. 24)

Sentir-se acolhido, compreendido, apoiado pelo professor, poder confiar nele e tê-lo como amigo e cúmplice, é muito importante para o sucesso do processo de ensino-aprendizagem. Além disso, o aluno precisa sentir que o professor gosta do que faz, prepara suas aulas com cuidado, atenção, preocupando-se com as necessidades, interesses e estágios do desenvolvimento de seus alunos. A esse respeito, Leite considera que,

> o ato de ensinar envolve grande cumplicidade do professor a partir do planejamento das decisões de ensino assumidas; mas tal cumplicidade também se constrói nas interações, através do que é falado, do que é entendido, do que é transmitido e captado pelo olhar, pelo movimento do corpo que acolhe, escuta, observa e busca a compreensão do ponto de vista do aluno. (2006, p. 42)

Tassoni (2000) complementa essas colocações, ao afirmar que o que se diz, como se diz, em que momento e por que se diz, o que se faz, como, quando e por que se faz, afetam profundamente as relações professor-aluno. A autora demonstrou o papel da dimensão afetiva no processo de apropriação da linguagem escrita pela criança. Sugere que as experiências vividas em sala de aula determinam a natureza afetiva da relação do aluno com o objeto de conhecimento; a interação professor-aluno na intervenção pedagógica é decisiva para a construção do conhecimento; os aspectos afetivos são indissociáveis dos aspectos cognitivos no processo de ensino-aprendizagem.

Dessa forma, alegria, amizade, respeito, solidariedade, confiança, harmonia e outros sentimentos positivos auxiliam na aprendizagem e no desenvolvimento cognitivo, ao passo que os sentimentos negativos como medo, insegurança, inimizade, tensão, autoritarismo, desconfiança, dentre outros, prejudicam e, muitas vezes, impedem a aprendizagem e o desenvolvimento. A autora coloca que o professor pode amenizar sentimentos negativos como ansiedade, medo e frustração e canalizar sentimentos positivos para o campo da cognição (Tassoni, 2001). Para Leite e Tassoni (2002), os sentimentos não só marcam a relação do aluno com o objeto de conhecimento, como também afetam sua autoimagem, favorecendo a autonomia e fortalecendo a confiança em suas capacidades e decisões.

A coleta de dados

Os dados foram coletados durante o ano letivo de 2005. Foram elaborados dois roteiros de entrevistas semiestruturadas, com base em Di Nucci (2002), para serem realizadas no início e ao final do período letivo. A primeira entrevista foi realizada no início do ano, entre os meses de fevereiro e março. A segunda, no mês de dezembro.

A entrevista inicial foi realizada com o intuito de caracterizar os sujeitos quanto à idade, estado civil, número de filhos, profissão, naturalidade, motivos da migração (no caso de alunos oriundos de outras cidades, estados ou regiões do Brasil), trajetória escolar. Além disso, pretendia obter informações a respeito de suas práticas sociais cotidianas de leitura e escrita, bem como saber que importância e utilidade a leitura e a escrita tinham para os alunos.

A entrevista final teve como objetivo caracterizar as mudanças ocorridas nas práticas de leitura e escrita dos sujeitos e em suas opiniões sobre a importância e utilidade da lecto-escrita em suas vidas.

Foram feitos, por mim, registros das atividades desenvolvidas durante as aulas dadas, bem como comentários a respeito.

Os alunos, por sua vez, registraram suas práticas sociais de leitura e escrita em seus diários — instrumento criado por mim com o objetivo de acompanhar o desenvolvimento dos níveis de letramento dos sujeitos (seu envolvimento diário com a leitura e a escrita) e as mudanças em suas práticas, o qual foi introduzido a partir do mês de maio. Tratava-se de um pequeno caderno, no qual cada aluno era incentivado a escrever diariamente tudo o que lia e escrevia. Além disso, pretendia-se incentivar os alunos a ler e escrever e, com isso, contribuir para a melhoria do desempenho deles nessas atividades.

Todos os dias, eu lembrava os alunos de que deveriam registrar em seus diários tudo o que tivessem lido e/ou escrito: o nome de uma rua, uma placa, uma receita culinária, um bilhete, uma embalagem, uma conta, o jornal, revistas etc.

Uma vez por semana, os diários eram lidos em voz alta para todo o grupo, por mim ou pelo aluno, dependendo da escolha feita por eles. Alguns alunos gostavam de me mostrar o que haviam registrado em seus diários, em outros momentos, fora daquele combinado para fazê-lo. Quando isso acontecia, lia com interesse, elogiava, parabenizava e incentivava a continuar realizando tais atividades.

A prática pedagógica: descrição dos procedimentos e resultados obtidos

No primeiro dia de aula, propus uma dinâmica de grupo com o objetivo de começar a nos conhecer e estabelecer laços afetivos que, durante todo o processo, seriam indispensáveis para o desenvolvimento e a aprendizagem dos alunos.

Um rolo de barbante foi conduzindo a apresentação: comecei me apresentando, fornecendo o máximo de informações possíveis sobre mim. Em seguida, segurando a ponta do barbante, passei o rolo para um aluno, pedindo que se apresentasse. Este, por sua vez, segurou uma parte do barbante e passou o rolo para outro, e assim sucessivamente, até que todos se apresentaram, de uma forma bem descontraída e prazerosa.

Ao final da apresentação, havíamos formado uma teia, representando a necessária ligação entre todos os participantes para o sucesso do processo de ensino-aprendizagem. Fui conduzindo a reflexão sobre o significado da teia: o que nós formamos com o barbante? O que isso representa? O que aconteceu conosco? Não estamos todos unidos por esse fio de barbante? Essa união é importante para que todos possam aprender e se desenvolver? O que mais precisa acontecer para que todos aprendam? Que sentimentos precisamos ter?

A partir da visualização da teia/rede de relações, os alunos foram verbalizando sobre a importância de atitudes, comportamentos e sentimentos tais como: união, solidariedade, amizade, espírito de equipe, companheirismo, cumplicidade, apoio etc., para que todos tenham sucesso na aprendizagem e prazer durante o processo.

Depois dessa dinâmica, demos início a uma outra que funcionava da seguinte forma: cada aluno tirava de dentro de um saquinho um pedacinho de papel dobrado onde estava escrito um comando ou pergunta do tipo: diga três nomes de amigos seus; qual é sua comida preferida? de que fruta você mais gosta? o que gosta de fazer para se divertir? o que te deixa irritado? o que te deixa triste? etc. Como precisavam ler em voz alta para todos ouvirem, fiquei ao lado de cada aluno para auxiliá-lo na leitura, caso fosse necessário; também participei da brincadeira, tirando perguntas do saquinho e respondendo.

Tal dinâmica tinha como objetivo fazer com que começássemos a nos conhecer melhor — nossos gostos, preferências, do que não gostávamos — o que contribuiria para o estabelecimento de vínculos afetivos e de um ambiente alegre e descontraído.

Foi muito divertido, todos gostaram bastante.

No segundo dia de aula, iniciei uma discussão a respeito da função social da escrita: para que serve a escrita? A escrita é importante? Por quê? Onde a escrita está presente? Todos participaram e demonstraram estar conscientes sobre a função e importância da escrita em nossa vida.

Depois da discussão, dirigi-me à lousa e pedi que repetissem o que havia sido dito para que eu pudesse escrever e eles copiarem em seus cadernos, para que ficasse registrado:

"A escrita está presente em..."

— livros;

— ônibus;

— postes;

— pontos de ônibus;

— revistas;

— embalagens;

— placas;

— cartas;
— bilhetes;
— nota fiscal;
— contas;
— promissórias;
— cheques;
— manual de instruções;
— receitas culinárias;
— receitas médicas;
— bulas;
— lista telefônica;
— jornal...

Nem tudo o que está na lista foi dito, espontaneamente, pelos alunos. Alguns itens foram ditos devido à minha intervenção, dando dicas, pistas, fazendo referências, comentários, dando explicações etc.

Na aula seguinte, vieram alunos que não estavam presentes nas aulas anteriores e, por esse motivo, retomamos o assunto "função social da escrita". Pedi aos os alunos que tinham participado da aula anterior que contassem aos demais o que tinha sido discutido: "O que foi mesmo que nós estudamos sexta-feira, gente? Sobre o que falamos? O que eu escrevi na lousa e vocês no caderno? Por favor, vejam aí...".

Os alunos foram relatando e, em seguida, escrevemos, juntos, um pequeno texto (os alunos falando, eu escrevendo na lousa) sobre a função social da escrita, uma vez que tínhamos falado sobre isso, sem registro algum. Tínhamos apenas registrado em que materiais a escrita estava presente. O texto ficou assim:

"A escrita serve para as pessoas se comunicarem, se localizarem, anotarem coisas que não querem ou não podem esquecer".

Precisei intervir, questionar, auxiliar, mas a ideia da função social da escrita eles tinham desenvolvido.

Depois disso, iniciamos o jogo dos códigos: em uma folha de papel, a professora coloca o alfabeto e, embaixo de cada letra, faz um desenho (um coração para a letra A, uma flor para a letra B etc.).

Dividi a classe em pequenos grupos e distribuí esse alfabeto, dizendo que era um código e que eles iriam escrever uma palavra usando os desenhos e não as letras para que depois os colegas dos outros grupos tentassem decifrar a mensagem. Disse que cada grupo precisava, primeiro, combinar que palavra iriam querer escrever para, em seguida, escrevê-la no caderno e conversar sobre as letras que foram usadas. Deveriam chamar a professora para conferir junto com o grupo e, finalmente, escrever em uma folha de papel para que um outro grupo tentasse decifrar.

Alguns alunos entenderam, de imediato, o que tinham que fazer e se saíram muito bem; outros tiveram um pouco mais de dificuldade. No entanto, todos os grupos conseguiram realizar a atividade, justamente por ter sido realizada em grupo, com a possibilidade de um ajudar o outro.

A aula seguinte foi iniciada com a retomada do jogo dos códigos, pois ele havia sido apenas iniciado no dia anterior. Repeti as orientações dadas anteriormente, pedindo aos alunos que me ajudassem a explicar aos colegas que ainda não o conheciam.

Acrescentei algumas recomendações necessárias ao bom funcionamento da dinâmica, como, por exemplo, ter atitudes que contribuam para o sucesso da tarefa, como solidariedade, paciência, companheirismo etc.

Ao final do jogo, refletimos sobre o seu significado e objetivo. Disse que este último era perceber que a escrita é um código (secreto para quem não conhece, não sabe como funciona, não sabe ler e escrever), criado pelos homens. Falei sobre o alfabeto, no qual cada letra representa um som e que, combinando letras, escrevemos as palavras que queremos. Mas, para isso, todos deveriam conhecer o código, pois, se cada um resolvesse escrever do seu jeito, as pessoas não se entenderiam (convenção do sistema de escrita).

Depois da discussão e das reflexões, li alguns trechos de um livro sobre a história da escrita, intitulado *A aventura da escrita*, de Lia Zatz.

A partir deste ponto, não descreverei todas as aulas. Apresentarei os resultados obtidos — frutos dos relatos dos alunos nas entrevistas finais — e as atividades desenvolvidas na abordagem de cada gênero textual.

1 — Leitura de jornal

Em relação à leitura de jornal, uma das alunas relatou, na entrevista final, que antes não lia e que passou a ler durante o ano de 2005 e que isso contribuiu para a melhoria de sua escrita e de sua leitura. Em suas palavras:

"Eu li bastante jornal. Jornal, eu li bastante. Esse ano, entendi. Porque essas letrinhas pequenininhas do jornal, é difícil né, da gente entender. Mas eu aprendi bastante lendo jornal. Algumas letras que eu não sabia, né, que às vezes a gente vai escrever e esquece sempre uma letrinha ali, né. Aí você vai lendo, você vai vendo, né, o tom daquela letra né, como que, o que significa a palavra" (S6: Bruna, entrevista final).

Assim como ela, outros alunos relataram que começaram ou passaram a ler mais jornal durante o ano, fazendo referência ao incentivo dado pela professora à leitura desse portador textual, através da disponibilização de jornais na sala de aula, que podiam ser retirados e levados para casa.

Pode-se sugerir, com isso, que o trabalho com jornal, realizado em sala, cuja abordagem dava-se através da leitura, discussão e produção escrita a respeito de reportagens, notícias e matérias jornalísticas, além do incentivo dado pela professora, tenha contribuído para o aumento do interesse, da frequência e da proficiência na leitura desse material.

1.1 — Descrição do procedimento com o gênero textual "reportagem de jornal"

O assunto abordado era a violência contra a mulher e foi escolhido em função do Dia Internacional da Mulher. Iniciei a aula perguntando aos alunos se sabiam o que estava sendo comemorado naquele dia (8 de março). A maioria deles respondeu que era o Dia da Mulher.

Em seguida, perguntei se sabiam por que se comemorava o Dia Internacional da Mulher naquela data. Dessa vez, nenhum aluno respondeu, ou melhor, responderam negativamente. Então, expliquei a razão; em seguida, li o título da reportagem e perguntei se tinham alguma ideia sobre seu conteúdo. Disse que, pelo título de um texto, podemos ter uma ideia sobre o que está escrito nele.

Deram alguns palpites e apenas um aluno aproximou-se da resposta correta. Prossegui à leitura da reportagem e, em seguida, conversamos a respeito do assunto. Os dados estatísticos, apresentados na reportagem, também foram objeto de reflexão e estudo.

Falei também — verificando antes os conhecimentos prévios dos alunos — sobre as características do gênero textual "reportagem de jornal": para quê servia, qual sua importância, que tipo de conteúdo trazia etc.

Após discussão e reflexão sobre o assunto, e a consequente verificação de que todos haviam compreendido o texto lido, fui até a lousa e disse que todos juntos iríamos escrever um texto sobre o tema em questão. Coloquei-me como escriba da turma, dizendo que minha função seria registrar suas ideias e ajudá-los a organizá-las e que eles seriam os autores do texto. Por essa razão, não deveriam se preocupar com acertos ou erros, pois eu estava ali para ajudá-los e todas as suas colocações, ideias e opiniões seriam muito bem-vindas.

À medida que iam fazendo suas considerações e dando sugestões, eu as escrevia, pedia para que esperassem, relia cada frase, sugeria modificações, ajustes e assim, coletivamente, íamos construindo nosso texto. Depois de pronto, pedi para que copiassem em seus cadernos.

2 — Escrita de cartas

Outra prática que merece destaque é a escrita de cartas. Um dos alunos relatou, na entrevista inicial, que nunca havia escrito uma carta e que seu sonho era escrevê-la. Na entrevista final, relatou, satisfeito, que havia escrito três cartas durante o ano de 2005. Em suas palavras:

"Escrevi, é, eu escrevi umas três cartas. Eu queria até trazer pra ver se tinha alguma... algum errinho. Fiquei até uma hora da manhã. Fui juntando as letras, vendo aquilo que falta..." (S1: Vitor, entrevista final).

O mesmo aconteceu com uma aluna que, até o início do ano, não havia escrito carta alguma e que, na aula em que esse gênero textual foi trabalhado, escreveu, sozinha, uma carta para a mãe que morava em Serra Talhada, no estado de Pernambuco. Em suas palavras:

"Leio. Recebo. A minha mãe sempre manda. Minha sogra também manda. Então, eu gosto de ler. Antes eu pedia pras pessoas lerem, mas agora, graças a Deus, nossa... eu consigo. Eu já mandei, só que não era eu que escrevia" (S4: Luiza, entrevista final).

2.1 — Descrição do procedimento com o gênero textual "carta familiar"

Iniciei a aula perguntando aos alunos se estavam lembrados do que havia sido dito na aula anterior sobre carta. Aos poucos, os alunos foram retomando algumas considerações feitas a respeito da escrita de cartas. Perguntei se já haviam escrito e/ou recebido uma carta, se alguém tinha o hábito de escrever e/ou receber cartas e quem nunca tinha escrito e/ou recebido uma carta antes.

A maior parte dos alunos nunca havia escrito uma carta até o momento. Alguns apenas uma vez e somente uma aluna relatou que escreveu algumas cartas.

O mesmo aconteceu com o recebimento de cartas. Perguntei aos que nunca haviam recebido o motivo e eles disseram que costumavam se comunicar com os parentes de longe, através do telefone, por ser mais fácil.

Apesar disso, tinham informações adequadas a respeito da escrita de cartas (forma e conteúdo) por já terem recebido alguma vez, ou por terem participado da escrita, ditando o conteúdo para que outra pessoa escrevesse. Todos demonstraram interesse em aprender a escrever uma carta.

Porém, antes de dar qualquer explicação a respeito, pedi que tentassem escrever uma carta do seu jeito. Disse para não se preocuparem com os erros e que fizessem perguntas quando tivessem dúvidas. Falei que gostaria de ver como eles estavam escrevendo, o que sabiam e no que eu precisaria ajudá-los. Todos escreveram.

No dia seguinte, iniciei a aula comentando a respeito das cartas escritas pelos alunos na aula anterior. Disse que a maioria tinha conhecimentos sobre como se deveria escrever uma carta e que todos tinham se saído muito bem. Disse ainda que não leria todas em voz alta, como havia feito com os bilhetes, mas que havia escolhido uma delas para digitar, tirar cópias e distribuir para que todos pudessem acompanhar a leitura.

A carta escolhida foi a de uma aluna que disse ter escrito várias cartas e que, portanto, tinha o hábito de escrever e receber cartas. Transcrição da carta da aluna, com correção ortográfica:

> Campinas, 28 de fevereiro de 2005.
>
> Querida Isabel. É com muita saudade que escrevo esta carta. Não queria estar escrevendo, mas sim indo até aí para matar a saudade.
>
> Nós, aqui, ficamos muito tristes com o falecimento do seu marido.
>
> Não foi possível ir até aí. Todos estávamos trabalhando, mas ficamos orando por vocês. Assim que pudermos nós vamos todos aí.
>
> Se você estiver precisando de alguma coisa, escreva e a gente se reúne e faz o possível para ajudar.
>
> Beijos a todos, de sua irmã.

Li a carta em voz alta e comecei a analisá-la, juntamente com os alunos, quanto a estrutura e conteúdo. Em seguida, pedi que guardassem a carta digitada para que servisse de modelo, caso precisassem.

Os alunos pediram-me para fazer a correção de suas cartas, das palavras escritas erradas, pois pretendiam realmente enviá-las. A última etapa do trabalho foi a reescrita das cartas pelos alunos, para que pudessem colocá-las no correio.

2.2 — Descrição do procedimento com o gênero textual "carta comercial"

Nessa aula, comparamos os gêneros bilhete e carta. Todos tinham o texto em mãos e, desse modo, fui conduzindo os alunos à observação das semelhanças e diferenças entre eles. Na lousa, coloquei o seguinte quadro:

Bilhete: Serve para dar um recado. Tem que colocar o nome da pessoa que vai receber o bilhete. Em seguida vem o recado e por último o horário, a data e o nome de quem o escreveu.	**Carta familiar:** Serve para dar e pedir notícias para pessoas que moram longe (parentes e amigos). Tem que escrever, no início da carta, o nome da cidade onde estamos, dia, mês e ano. Em seguida, o nome da pessoa para quem estamos escrevendo e um cumprimento. Então perguntamos como está a pessoa e falamos de nós. Por último uma despedida, deixando uma mensagem e assinando.

Após essa discussão, apresentei um modelo de carta comercial. Distribuí uma cópia para cada aluno e, em seguida, li a carta em voz alta. Perguntei se era igual ou diferente àquela carta que havíamos trabalhado e se sabiam para que servia. Um ou outro aluno respondeu que era para o comércio, um tipo de currículo (uma vez que o conteúdo da carta em questão consistia de um pedido de oportunidade de emprego). Então, eu disse que a carta comercial dirigia-se a estabelecimentos comerciais ou era escrita nesse ambiente, no trabalho, e não em casa, para parentes ou amigos, como a carta familiar. Pedi, então, que observassem, tentando descobrir o que tinham em comum e no que diferiam.

Reforcei a observação dos alunos que disseram serem cartas diferentes, e que, portanto, tinham que ser escritas de modos diferentes e comecei a conduzir a análise desse tipo de carta, em seus aspectos característicos. Perguntei sobre a estrutura, linguagem utilizada etc. Disse que, apesar de serem o mesmo tipo de texto (ambas eram cartas), eram muito diferentes.

Os alunos demonstraram perceber as diferenças, à medida que teciam comentários e respondiam acertadamente às perguntas que eu ia lhes fazendo. Por exemplo, disseram que a linguagem das cartas era diferente; que para parentes era possível escrever de um jeito e em uma carta comercial não dava para escrever do mesmo modo; que na carta comercial era preciso tomar mais cuidado com o jeito de se escrever, com as palavras que se deseja utilizar; que tem que falar mais difícil, mais complicado; que não se começa nem se termina do mesmo jeito as duas cartas: na familiar podemos nos despedir dizendo "Beijos, com amor..." ou "Com muita saudade, um abraço..." e que na carta comercial, não podemos escrever essas coisas.

Fiz algumas considerações a respeito das relações entre forma/conteúdo e interlocutor, ou seja, disse que a forma como escrevemos algo, a linguagem que utilizamos, o que dizemos, a quem se dirige dependem de quem irá ler o nosso texto.

3 — Escrita de diário

Deve-se ressaltar o que ocorreu com relação à escrita de diário, pois, ao longo do ano, todos os alunos escreveram um diário de leitura e escrita. Apesar de se tratar de um diário muito específico, todos os alunos faziam, além das anotações referentes às suas práticas de leitura e escrita, anotações sobre os acontecimentos cotidianos triviais e/ou importantes.

Na entrevista final, um aluno relatou que o diário de leitura e escrita foi, para ele, um instrumento que contribuiu para que sua leitura e sua escrita melhorassem, quantitativa e qualitativamente. Em suas palavras:

"Porque a senhora deu a caderneta pra gente levar pra casa. Eu levei bastante jornal daqui pra lá, então, por isso que a gente... Coisa que tá nos livros, revistas, que a gente tinha curiosidade de ler pra gente saber, né? Então, eu achei muito interessante" (S5: Marcos, entrevista final).

Outro aluno disse, na entrevista final, que o diário de leitura e escrita fez com que ele passasse a ler e escrever mais, tanto jornal como revista e outros textos, pelo fato de ter que fazer os registros dessas atividades, como algo que havia sido solicitado pela professora e que fazia parte do trabalho pedagógico desenvolvido. Em suas palavras:

"Ah, não sei, eu acho que mó daquela cadernetinha sua lá. É que eu tinha que anotar todo dia, né? Então tinha sempre que tá lendo alguma coisa. Então, todo dia tava chegando jornal em casa, eu pegava e lia pra poder escrever. Porque antes, eu quase nem pegava no caderno, nem num... num papel, nada, pra escrever, nem ler. Mas agora, depois que eu voltei pra escola... aí que eu comecei ler, escrever, pegar o lápis pra... Tanto que eu falei que esse ano eu vou passar o resto do ano todinho só no papel, lendo e escrevendo" (S6: Bruna, entrevista final).

Gostaria de destacar o fato de que um dos alunos disse, na entrevista inicial, que não sabia o que era um diário e que esse mesmo aluno, durante o ano, foi o que fez mais registros em seu diário de leitura e escrita, bem como anotações relativas a acontecimentos de seu cotidiano.

Ainda em relação a essa prática, uma aluna relatou que havia comprado um diário para fazer suas anotações pessoais, estimulada pelo uso do diário de leitura e escrita. Em suas palavras:

"Eu acho que foi no meio do ano, mais ou menos, eu comprei um pra mim, por causa da cadernetinha também, né, que tinha que ir anotando. Eu comprei um caderninho e fui anotando e fui anotando também as coisas que eu fazia" (S4: Luiza, entrevista final).

3.1 — Descrição do procedimento com o gênero textual "diário"

Gostaria de ressaltar que o gênero textual "diário" não foi sistematicamente trabalhado durante as aulas, ou seja, não houve um planejamento de atividades relativas a ele, no sentido de abordar suas características particulares. Eu apenas expliquei no que consistia, quando da apresentação dos diários de leitura e escrita. Conforme colocado anteriormente, alguns alunos desenvolveram o hábito de registrar diariamente tudo o que liam e escreviam; dois desenvolveram a prática de escrita em diário da forma como o conhecemos — registrando acontecimentos cotidianos, corriqueiros ou significativos — estimulados pela utilização dos diários de leitura e escrita.

4 — Leitura de revista

No que diz respeito à leitura de revistas, um aluno contou que o fato de ter levado muitas revistas para ler em sua casa contribuiu para o desenvolvimento de suas habilidades de leitura e escrita. Em suas palavras:

"[...] A senhora trouxe bastante revista pra gente ler, né? Eu levei bastante pra casa. Porque antes eu não lia negócio, assim, revista, assim, depende das notícias que estavam na revista, né? Aí eu leio. Aquilo que não me interessava também eu não queria ler. Mas esse ano eu li bastante esse negócio de revista" (S5: Marcos, entrevista final).

No mesmo sentido, outra aluna disse ter começado a ler revista durante o ano de 2005, pois, antes disso, não conseguia fazê-lo e, estabelecendo uma associação entre interesse e proficiência, colocou que, para querer ler alguma coisa, era preciso que a pessoa conseguisse fazê-lo. Em suas palavras:

"Revista, sempre que eu posso, agora, eu procuro olhar, porque me interessa agora, sabe Lucia? Porque eu consigo ler. De primeiro, como é que eu ia interessar pelas coisas? Eu só olhava as figuras, né? Agora me interessa porque eu consigo ler alguma coisa. Vou lendo e vou entendendo, né? Revista, jornal, tudo que eu vejo assim, que eu interesso, eu procuro ler" (S7: Carolina, entrevista final).

Os dados parecem revelar que o trabalho com revistas, através da leitura de matérias relativas a temas de interesse dos alunos e da professora, como, por exemplo, informações sobre plantas medicinais, pílulas anticoncepcionais, idade limite dos seres humanos, dentre outros, despertou o interesse do grupo para esse tipo de leitura.

4.1 — Descrição do procedimento com o gênero textual "matéria de revista"

A matéria foi retirada da revista *Época*, de 31 de janeiro, de 2005. Intitulava-se "Farmácia da terra" e abordava a questão das flores com propriedades medicinais.

Entreguei uma cópia para cada aluno e comentei que havia escolhido o texto por acreditar que achariam interessante. Li o título da reportagem e perguntei se tinham alguma ideia sobre o assunto tratado. Alguns alunos arriscaram palpites, mas somente um disse que o texto devia falar sobre as plantas usadas como remédios. Parabenizei-o e, em seguida, li o texto, fazendo algumas paradas estratégicas para dar algumas explicações, tentando, dessa forma, garantir a compreensão de todos.

Após a leitura, perguntei se já conheciam todas as informações trazidas pelo texto, se alguma coisa era novidade para alguém, o que tinha chamado a atenção etc. Para a maioria, as informações fornecidas pelo texto eram novidades. Mesmo assim, conheciam outras plantas usadas para tratar doenças. Disseram que, quando moravam na roça, no meio do mato, não existiam hospital nem farmácia próximos e que, por isso, usavam as plantas para curar os doentes, aliviar dores, enfim, cuidar de sua saúde.

Conversamos também sobre as características do gênero textual "matéria de revista", as quais foram assim caracterizadas: geralmente são textos informativos, escritos com base na realidade, no cotidiano; podem ser descritivos e/ou argumentativos; abordam temas atuais, às vezes, polêmicos, dentre outros. Disse ainda que as revistas tinham a função social de, além de informar, distrair, entreter, divertir...

Finalmente, pedi que escrevessem um texto, individualmente, a partir do texto lido por mim, sobre plantas medicinais, sem se restringirem a ele, mas acrescentando todos os conhecimentos que possuíssem a respeito do assunto. Disse para colocarem suas ideias no papel, da maneira como conseguissem, sem se preocuparem com a organização do texto (estrutura, pontuação) ou com a ortografia, pois faríamos a correção em seguida. Coloquei-me à disposição para que me chamassem, sempre que quisessem, a fim de pedir esclarecimentos, sugestões, orientações, tirar dúvidas, ajudar na construção do texto etc.

Os alunos foram escrevendo sozinhos. Um ou outro, às vezes, chamava-me para perguntar sobre a escrita de determinada palavra, para saber se estava no caminho correto. Eu corrigia, quando se tratava de trocar, colocar ou tirar alguma letra, enfatizando que não se preocupassem com a correção, pois seria feita posteriormente.

Depois que todos escreveram, recolhi os textos, disse que levaria para casa para ler e corrigir e que, no dia seguinte, eles os receberiam de volta com as minhas observações e correções.

Na aula seguinte, antes de devolver os textos aos alunos, disse que havia escolhido um para corrigirmos juntos. Perguntei se todos estavam de acordo, se eu poderia dizer o nome do autor do texto ou se alguém se sentiria envergonhado, constrangido com a exposição. Como todos consentiram, disse de quem era o texto e comecei a escrevê-lo na lousa. Pedi para que fossem observando, tentando descobrir seus erros. Tratava-se de um texto pequeno e logo terminei. Então, comecei a ler o texto em voz alta e, a cada linha, perguntava se havia algo errado, tanto na escrita das palavras, quanto na pontuação, coerência, coesão, sentido etc.

Após essa atividade de correção coletiva, entreguei todos os textos corrigidos e pedi que os reescrevessem.

5 — *Leitura e escrita de receitas culinárias*

Outra prática que gostaria de comentar é a leitura e escrita de receitas culinárias. Tal gênero textual foi abordado, em sala de aula, através de atividades de leitura, escrita e preparo de algumas receitas, como, por exemplo, salada de frutas e bolo de mandioca, o que nos leva a sugerir a influência dessas práticas pedagógicas no desenvolvimento dos níveis de letramento dos alunos.

Tal prática de letramento não fazia parte do cotidiano de três sujeitos, antes do início do ano. Contudo, durante o ano letivo, eles realizaram algumas leituras desse gênero textual, sendo que dois alunos colocaram, na entrevista final, que a frequência com que passaram a realizar tal leitura havia aumentado, o que foi confirmado pelos registros encontrados em seus diários de leitura e escrita. Uma das alunas fez o seguinte comentário:

> "Eu lia bem pouco, de primeiro. Agora eu já to conseguindo ler mais a receita. Quando eu vou fazer alguma coisa, assim, que eu nunca fiz, então eu leio e eu consigo fazer. Eu consigo sim" (S2: Lilian, entrevista final).

5.1 — Descrição do procedimento com o gênero textual "receitas culinárias"

Nessa aula, utilizei uma receita de bolo. Entreguei uma cópia para cada aluno e perguntei se sabiam o que era. A maioria respondeu que sabia. Perguntei quem tinha o hábito de ler/escrever receitas. Então, li a receita e os alunos foram acompanhando. A leitura foi interrompida, várias vezes, pelas mulheres, que faziam comentários, perguntas, demonstrando grande interesse por aquela receita. Quando eu disse que já havia feito e que ficava muito gostoso, algumas alunas disseram que iriam experimentá-la. Uma aluna disse que achava estranho estar escrito "modo de fazer", pois estava acostumada a ver "modo de preparar".

Então, falei da estrutura de uma receita culinária, fazendo perguntas antes das explicações, uma vez que eles já possuíam muitos conhecimentos a esse respeito. As mulheres interessaram-se por trazer receitas para serem trocadas em sala de aula. Disse, então, que se quisessem, poderiam trazer para que eu organizasse um caderno de receitas e desse um exemplar para cada uma.

Fui até a lousa e disse que, seguindo o modelo que tínhamos em mãos, escreveríamos uma receita de salada de frutas. Justifiquei tal escolha, dizendo que era uma sobremesa que todos conheciam, simples de fazer e que poderíamos preparar no dia seguinte, se concordassem e estivessem dispostos a colaborar, trazendo algumas frutas. Todos concordaram.

Escrevi a receita em uma cartolina e a fixei na parede, para que, no dia seguinte, todos pudessem acompanhar o preparo da salada de frutas. Calculamos quanto precisaríamos fazer para todos os alunos da unidade, uma vez que, além de nossa sala de aula, no mesmo prédio havia outras duas, com cerca de 15 alunos cada. Feitos os cálculos, combinamos o que cada um iria trazer.

No dia seguinte, com tudo em mãos, fizemos a salada de frutas, chamamos as outras professoras e alunos para comerem conosco e todos gostaram muito!

6 — *Leitura de livros*

Quanto à leitura de livros, observa-se, nos relatos de quase todos os alunos, significativo desenvolvimento em termos quantitativos e qualitativos, ou seja, aumento na frequência de sua leitura e também melhoria de sua compreensão. Três alunos relataram, na entrevista final, que passaram a ler mais livros e compreendê-los melhor, durante o ano letivo de 2005.

Uma das alunas colocou que contribuiu para isso o fato de a professora ter incentivado os alunos a retirar livros da biblioteca de classe para levar para casa. Em suas palavras:

"É, eu li. Nunca levei. A primeira vez que eu levei foi esse. É, os primeiro livro que eu peguei pra ler, eu tinha dificuldade, né, porque eu lia... no mesmo instante que eu lia, eu esquecia aquela palavra [...]. Melhorou bastante a leitura nossa" (S2: Lilian, entrevista final).

6.1 — Descrição dos procedimentos da biblioteca de classe e da roda de leitura

No dia 12 de maio de 2005, apresentei aos alunos uma atividade que realizaríamos, a partir daquele momento, uma vez por semana e que seria chamada de "roda da leitura".

Expliquei que tal atividade consistia na retirada ou empréstimo, pelos alunos, de algum material de leitura da biblioteca de classe, para que levassem para casa, lessem e trouxessem na semana seguinte, no dia estabelecido, para contar aos colegas e à professora o que tinham lido, dando sua opinião, fazendo uma apresentação sobre a leitura realizada.

Coloquei ainda que, no início, eu precisaria exigir e cobrar o cumprimento dessa tarefa (da leitura), pois se quisessem aprender a ler e escrever melhor teriam que ler e escrever com frequência.

Expliquei que, para que tivéssemos o controle dos materiais que eram retirados e garantir que todos lessem, iríamos registrar as retiradas e devoluções em um caderno, próprio para essa finalidade. Mostrei-lhes o caderno, disse que seus nomes estavam escritos nele, um nome em cada página, para que anotassem o nome do material retirado, a data de sua retirada e a data da devolução.

Eles nunca tinham feito isso antes e percebi que, apesar da insegurança, sentiram-se satisfeitos por verem que eram capazes de realizar essas anotações, sozinhos.

A roda de leitura foi pensada como uma estratégia para incentivar os alunos a ler, uma vez que essa atividade não fazia parte de seu cotidiano, tanto em casa, como no trabalho.

Devido à pequena quantidade e variedade de exemplares em nossa biblioteca, pedi a colaboração de todos para a ampliação de nosso acervo. Disse que todo tipo de material de leitura seria bem-vindo e que poderiam trazer textos de suas casas, pedir a amigos, vizinhos, parentes, algo que pudessem doar ou emprestar: gibis, jornais, revistas, livros de todos os gêneros, receitas culinárias, folhetos de propaganda etc.

Coloquei que era importante ter uma biblioteca variada, contendo a maior quantidade possível de gêneros textuais, pelo fato de que as pessoas têm gostos diferentes para a leitura, ou seja, uns gostam de ler revistas, outros preferem jornais, outros se interessam mais por livros, e assim por diante. Disse que, quanto a esses últimos, uns preferem romance, outros ficção, outros livros de autoajuda etc.

No dia 19 de maio, realizamos a primeira roda de leitura. Foi muito gostosa!

Passamos a aula inteira conversando sobre os livros lidos, assuntos que foram surgindo em decorrência das leituras realizadas e comentários feitos a respeito.

Uma vez que o nome da dinâmica era "roda da leitura", fizemos uma roda, sentando em círculo, de modo que fosse possível que todos pudessem conversar e se olhar. Mostrei o que havia comprado para a biblioteca: dois livros e alguns gibis. Estes últimos despertaram tanto interesse, que quase todos quiseram levá-los para casa. Alguns alunos, antes mesmo que eu os lembrasse, quiseram devolver o livro que haviam lido e retirar outro.

Felizmente, todos manifestaram muita alegria e satisfação com a realização da atividade. Daí em diante, uma vez por semana, os alunos retiravam um livro (ou gibi, revista, jornal etc.), levavam para casa, liam e devolviam na semana seguinte, apresentando para a turma a leitura realizada.

7 — Leitura e escrita de bilhetes

O desenvolvimento da prática de leitura e escrita de bilhetes também foi significativo para quase todos os alunos. No início do ano, essa prática não fazia parte do cotidiano de três alunos. Na entrevista final, eles colocaram que, durante o ano, haviam passado a escrever bilhetes.

Além disso, demonstraram satisfação por terem conseguido realizar tal atividade, sozinhos e com competência, pois as pessoas que liam seus bilhetes compreendiam-nos muito bem. Dois alunos que já escreviam bilhetes no início do ano relataram, na entrevista final, que estavam lendo e escrevendo mais e melhor esse gênero textual. A seguir, estão as transcrições de alguns desses relatos:

"De vez em quando, quando meu patrão não tá em casa e alguém liga, aí eles deixa. A pessoa que liga manda eu escrever, aí eu escrevo e deixo pro meu patrão. Inclusive, até faz mais ou menos uns quinze dia que ele falou pra mim assim: — Nossa, você tá de parabéns, porque não tá faltando nenhuma palavra, tá certinho. Então eu fiquei contente. Aí ele falou assim: — Em que série você tá? Eu falei pra ele. Aí ele falou: — Nossa, até que você tá bem! Aí eu fiquei tão feliz! Aí eu cheguei em casa contando pro meu marido. Ele falou assim: — Então, vai melhorando cada vez mais a escrita, né? Aí eu conseguir por o nome do homem direitinho, sem faltar nenhuma letra. E o que o homem mandou eu falar pra ele, que ele trabalha com vendas, né? Pra ele levar lá e ele falou que tava certo e eu fiquei feliz, né? O ano passado não, eu não conseguia fazer" (S2: Lilian).

"E antes, Lucia, eu tinha muita dúvida em bilhete, eu não escrevia. Porque, eu não sei, eu não sei se porque muito problema que eu passei, durante três anos, e esse ano eu já leio, eu já leio e escrevo. Quando eu saio, que eu to só, eu deixo um recado. Aí eles saem e deixam outro pra mim. Eu consigo ler e escrever.

Mas eu tinha um pouco de dúvida. Porque agora eu faço e peço pra eles lerem pra ver se eles entenderam, se tá faltando alguma letra, né? Aí hoje eles leem e aí escrevem embaixo: "Mainha, eu li e entendi tudo o que a senhora escreveu". Antes eu não conseguia. Eu acho que esse ano eu desenvolvi muito bem, tirei muita dúvida, muita coisa que eu tinha com problema e esse ano eu sei que eu tô muito bem. Um desenvolvimento rápido pra ler, né? Porque quando a outra professora chamava na lousa, eu tinha até um nervoso. Eu falava assim: — Ai meu Deus, eu não vou saber. Então, hoje, hoje eu não sei se eu vou passar pra quinta série, mas hoje a minha responsabilidade na série que eu to, eu me responsabilizo, porque eu leio tudo. Tô mais tranquila. Tudo mudou. A minha mente agora só tá ligada na escola" (S3: Sofia).

"Eu escrevo os bilhetes quando precisa, né? Quando precisa escrever, eu escrevo. Agora, depois que eu voltei à escola, que eu comecei a fazer tudo isso. Porque antes, eu quase nem pegava no caderno, nem num papel pra escrever, nem ler. Mas agora, depois que eu voltei pra escola, que eu to... aí que eu comecei ler, escrever, pegar o lápis pra... tanto que eu falei que esse ano, eu vou passar o ano todinho só no papel, lendo e escrevendo" (S6: Bruna).

7.1 — Descrição do procedimento com o gênero textual "bilhete"

Na aula em que iniciei a abordagem deste gênero, conversamos sobre seu uso, função, forma, conteúdo etc. Comecei perguntando se todos sabiam o que era um bilhete, para que servia, que tipo de texto/mensagem continha, se já haviam escrito ou recebido um bilhete, se tinham o hábito de escrever ou receber bilhetes etc.

Alguns responderam que já haviam escrito e/ou recebido alguma vez, outros falaram que escreviam e/ou recebiam sempre e outros (a minoria) disseram não ter experiência em bilhete até o momento.

Então, depois das colocações feitas pelos próprios alunos, chamei sua atenção para o fato de que havia um bilhete escrito na lousa, pela outra professora que, uns dias antes das aulas começarem, havia passado por lá. Nele, ela se despedia.

Transcrição do bilhete:

"Queridos e amados alunos, é com grande alegria que deixo vocês com a professora Lucia, pois, embora com saudades, estarei na Unicamp conforme conversamos. Virei para visitá-los assim que puder. Beijos e fiquem com Deus. Só pra lembrar: as bênçãos de Deus são reais e infinitas. Acreditem e confiem.

Profa. Beth".

Apesar de alguns alunos já terem lido, li novamente o bilhete para todos e perguntei por que achavam que a ex-professora o havia deixado escrito na lousa. De pronto, responderam que ela havia escrito o bilhete para se despedir, uma vez que não pôde fazê-lo pessoalmente. Ou seja, as funções de um bilhete compreendiam bem. Restava saber se seriam capazes de escrever um.

Então, solicitei que imaginassem uma situação em que fosse preciso escrever um bilhete e o colocassem em prática. Quase todos o fizeram razoavelmente bem. Apenas um aluno escreveu um texto mais parecido com uma carta.

A aula seguinte foi iniciada com os comentários a respeito dos bilhetes. Para eles, o mais importante era saber se haviam cometido muitos erros, ou se tinham escrito corretamente. Disse que isso era o que menos importava naquele momento, pois minha preocupação inicial era saber se eles sabiam como se escrevia um bilhete: o que este deveria conter; como deveria ser iniciado; que tipo de mensagem contém um bilhete; como deveria ser finalizado, enfim, que forma e que conteúdo deveria ter.

Apesar de terem compreendido, pediram-me que fizesse a correção das palavras erradas. Atendi a solicitação e isso foi feito de forma descontraída e prazerosa. Escrevia na lousa uma palavra e dizia que ela estava errada. Em seguida, perguntava se alguém gostaria de ir até lá para corrigi-la.

Nem todos os alunos foram, porém, todos participaram da correção, ajudando quem se dispunha a fazê-lo. Tal atividade, cuja finalidade era a de corrigir os erros ortográficos, suscitou a discussão sobre a relação entre fala e escrita. Uma aluna disse que sabia que errava na escrita porque falava errado. Segundo ela, seu marido sempre dizia "você escreve errado porque fala errado, como todos os que são do Norte".

Essa ideia, até então aceita por todos os alunos, começou a ser questionada por mim, a partir da noção das diferenças entre fala e escrita. Coloquei que muitas palavras são pronunciadas de um jeito e escritas de outro, independentemente do sotaque, dialeto, região de origem da pessoa. Imitei alguns dialetos de diferentes regiões do Brasil.

Disse ainda que falar e escrever eram processos diferentes, que não escrevíamos como falávamos, nem falávamos como escrevíamos; que pessoas de lugares diferentes falam de modos diferentes e que, por isso, não era possível atribuir os erros da escrita aos diferentes modos de se falar.

Os alunos demonstraram certo alívio diante dessas colocações. Sentiam-se duplamente culpados: por cometerem erros na escrita e por falarem errado, e as minhas considerações, de certa forma, ajudaram-nos a compreender melhor essa questão.

Na aula seguinte, retomei a escrita de bilhetes. Li os que haviam sido escritos alguns dias antes. Após a leitura, coloquei dois deles na lousa: um deles estava correto quanto à estrutura, o outro incorreto. Nesse momento, a preocupação era essa e não a ortografia. Portanto, escrevi os bilhetes na lousa, com as devidas correções ortográficas e chamei a atenção dos alunos para o modo de se escrever um bilhete e o que ele deveria conter.

Através da comparação, foi possível buscarmos regularidades: similaridades e diferenças. Fui fazendo algumas perguntas, como por exemplo: como esse bilhete começa? O que está escrito no início? E em seguida, o que está escrito? O que vem por último? O que é preciso escrever no final? E esse outro bilhete? Está igual? No que se difere do anterior?

Uma vez que um dos bilhetes parecia-se mais com uma carta — eu chamei a atenção dos alunos para esse fato — nesse momento, algumas colocações a respeito da escrita de cartas foram feitas, tanto por mim, quanto pelos alunos: para que serve uma carta; em que situações pode ser usada; como começa e como termina etc.

Transcrição dos bilhetes:

Bilhete 1:

Samuel, eu vou sair. Você lave a louça, seque e guarde.

Assinado Cleunice.

Te amo.

Bilhete 2:

Campinas, 21 de fevereiro de

Sr. João estou saindo de casa. Estou lhe escrevendo este bilhete para dar boas notícias.

Depois da análise, pedi que copiassem o bilhete 1 (correto). Dessa forma, teriam, no caderno, um modelo de bilhete. Além disso, incentivei-os a escrever bilhetes no dia a dia, para praticar, o que auxiliaria no desenvolvimento da escrita.

8 — Descrição do procedimento com o gênero textual "rótulos"

Levei algumas embalagens de produtos e iniciei a aula dizendo que iríamos ler o que estava escrito naquelas embalagens. Perguntei se alguém tinha o costume de ler, se achavam importante e necessário, enfim, o que pensavam a respeito.

A maioria dos alunos disse que não tinha o costume de ler os rótulos das embalagens dos produtos, a não ser para verificar sua validade. Falei sobre a importância de ler, além da validade, outras informações contidas nas embalagens, como: ingredientes, valor nutricional etc., para conhecermos melhor o que estamos consumindo.

Distribuí uma embalagem de leite para cada aluno, a fim de analisarmos, juntos, o que estava escrito nela. Fui até a lousa para escrever o que fosse falado pelos alunos. Começaram dizendo qual era o nome/marca do leite. Em seguida, fui perguntando: o que está escrito nessa tabela, em um dos lados da embalagem? O que quer dizer esse desenho? O que tem atrás? Vocês sabem o que esse selo quer dizer? Algumas perguntas os alunos respondiam, outra não. Quando isso acontecia, eu explicava, esclarecia.

Depois dessa discussão coletiva, pedi que cada um escolhesse uma embalagem e tentasse fazer o mesmo, individualmente. Todos conseguiram fazer, mesmo que com o meu auxílio e/ou dos colegas.

9 — Descrição do procedimento com o gênero textual "lista de compras"

Iniciei a aula dizendo que iríamos fazer, juntos, listas de produtos, como se fossem listas de compras. Perguntei se alguém tinha o costume de fazer lista de compras, se faziam de vez em quando ou se tinham feito alguma vez. Ninguém tinha o costume de fazer. Alguns já tinham feito alguma vez e alguns responderam que nunca tinham feito. Disseram, ainda, que não era necessário, pois "guardavam na cabeça" tudo o que era preciso comprar.

Então, eu disse que, dessa forma, poderiam esquecer algo, com o que concordaram. Disse ainda que minha intenção era fazer com eles elaborassem uma lista de compras para que, quando quisessem ou precisassem, soubessem como fazê-la.

Fizemos três listas, separadas por tipos de produtos: alimentos, produtos de limpeza e de higiene pessoal. Os alunos iam dizendo os produtos e eu ia escrevendo na lousa, cada qual em sua respectiva categoria.

Comentei que, dessa forma, ficava mais fácil fazer as compras, uma vez que, nos supermercados, os produtos também estão em locais diferentes.

10 — Descrição do procedimento com o gênero textual "poesia"

Utilizei a poesia "Coisas para se pensar", de Carlos Drummond de Andrade. Ela foi trazida por um aluno. Entreguei uma cópia para cada um, li em voz alta, pedindo para que tentassem acompanhar. Ao terminar, perguntei o que tinham achado, se tinham gostado.

Todos gostaram muito, dizendo que tudo o que estava escrito ali era verdade, que concordavam com aquelas ideias. Falei, então, sobre aquele tipo de texto — a poesia — sobre suas características. Disse que se tratava de um texto que, além de conversar com nosso pensamento e nossa razão, conversava também com os nossos sentimentos, que falava ao coração e que, por esse motivo, mexia com as nossas emoções.

Depois de conversarmos a respeito da poesia, do que havíamos sentido e pensado, fui até a lousa e disse que iríamos escrever juntos um texto parecido com aquele, porém, com ideias contrárias.

Foi difícil para eles compreenderem minha intenção, por isso precisei dar exemplos, sugestões, até que conseguiram entender e colaborar com a produção do texto coletivo. Um aluno começava a dizer algo, a dar uma ideia, um outro o ajudava, colaborando na construção do raciocínio e eu fazia as adaptações e ajustes — quando necessários — para escrever o que estavam dizendo na lousa.

O resultado não poderia ter sido melhor. Ao final do processo de produção de texto coletiva, o grupo havia escrito uma poesia que ficou muito interessante.

A poesia original:

"Coisas para se pensar"

Carlos Drummond de Andrade

Aprendi que se aprende errando.
Que crescer não significa fazer aniversário.
Que o silêncio é a melhor resposta quando se ouve uma bobagem.
Que trabalhar significa não só ganhar dinheiro.
Que amigos a gente conquista mostrando o que somos.
Que os verdadeiros amigos sempre ficam com você até o fim.
Que não se espera a felicidade chegar, mas se procura por ela.
Que quando penso saber tudo ainda não aprendi nada.
Que a natureza é a coisa mais bela na vida.
Que amar significa se dar por inteiro.
Que um só dia pode ser mais importante que muitos anos.
Que se pode conversar com as estrelas e a lua.
Que ouvir uma palavra de carinho faz bem à saúde.
Que sonhar é preciso.
Que nosso ser é livre.
Que Deus não proíbe nada em nome do amor.
Que o julgamento alheio não é importante.
Que o que realmente importa é a paz interior e que não se pode morrer para aprender a viver.

A poesia reescrita, com ideias contrárias, ficou assim:

"Coisas para não se pensar"

Aprendi que se aprende acertando.
Que crescer significa fazer aniversário
Que o silêncio não é a melhor resposta quando se ouve uma bobagem.
Que trabalhar significa só ganhar dinheiro.
Que inimigos a gente conquista mostrando o que não somos.
Que os falsos amigos nunca ficam com você até o fim.
Que se espera a felicidade chegar, não se procura por ela.
Que quando penso saber nada, ainda não aprendi tudo.
Que a natureza não é a coisa mais bela da vida.
Que amar significa se dar pela metade.
Que um só dia pode ser menos importante que poucos anos.
Que não se pode conversar com as estrelas e com a lua.
Que ouvir uma palavra de carinho faz mal à saúde.
Que sonhar não é preciso.
Que nosso ser não é livre.
Que Deus proíbe tudo em nome do amor.
Que o julgamento alheio é muito importante.
Que o que realmente não importa é a paz interior e que se deve morrer para se aprender a viver.

11 — Descrição do procedimento com o gênero textual "provérbios"

Preparei, para a abordagem desse gênero, um jogo do tipo "caça ao tesouro". Iniciei a aula com uma conversa a respeito dos provérbios, perguntando aos alunos se sabiam o que eram. Como responderam negativamente, expliquei do que se tratava e dei alguns exemplos. Imediatamente, todos disseram que conheciam e começaram a dizer alguns.

Perguntei se sabiam por que chamávamos os provérbios de ditados populares. Um aluno respondeu que era porque vinham do povo. Parabenizei-o e falei um pouco sobre seu sentido figurado. Em seguida, expliquei como funcionava o jogo e demos início a ele.

Os provérbios estavam separados por partes que, por sua vez, estavam espalhadas e escondidas pela escola. Eles teriam que procurá-las, trazer para a sala de aula, colocar sobre a mesa e organizá-las, de modo que os provérbios fossem montados e lidos.

Depois, escrevi-os na lousa e pedi que copiassem nos cadernos.

A atividade foi um sucesso. Todos conseguiram realizá-la, participando ativamente, com grande entusiasmo e motivação. Houve cooperação e entrosamento.

12 — Descrição do procedimento com o gênero textual "cheques"

Iniciei a aula dizendo que trabalharíamos com o preenchimento de cheques. Entreguei a cada aluno uma folha de cheque, muito próxima da verdadeira, feita por mim, e comecei a dar as explicações quanto a seu preenchimento.

Desenhei uma folha de cheque na lousa e fui mostrando onde se escrevia cada coisa. Ao mesmo tempo, mostrava para cada aluno, individualmente, o que e onde deveria escrever o que eu estava dizendo. Todos preencheram corretamente.

Um aluno fez o seguinte comentário: "Profa., eu não tenho cheque, mas se um dia eu tiver, pelo menos vou saber preencher, né?", ao que respondi: "Exatamente, Cícero. Minha intenção é justamente essa. Ajudá-los, ensiná-los a preencher corretamente um cheque, para que vocês consigam fazer isso sozinhos, quando quiserem ou precisarem".

Em seguida, pedi para que cada um dissesse um valor que gostariam de colocar no cheque. Coloquei-os na lousa e os escrevi por extenso. Disse para tentarem preencher sozinhos, com o valor que haviam falado ou escolhendo, da lousa, o valor que quisessem.

Todos preencheram várias folhas de cheques e gostaram bastante de fazê-lo. Sentiram-se bem por terem aprendido algo que julgavam muito difícil e visto que eram capazes.

13 — Descrição do procedimento com o gênero textual "envelope de depósito bancário"

Utilizando o mesmo argumento quanto ao preenchimento de cheques (importância de saber fazê-lo sozinhos), dei início às explicações sobre o preenchimento dos envelopes de depósito bancário, com uma diferença apenas: dessa vez, não dei explicações na lousa, mas individualmente.

Sentei junto com cada aluno e informei o que deveria ser colocado em cada campo e de que maneira; orientei detalhadamente como se preenchiam tais envelopes, tanto na realização de depósitos feitos com dinheiro, como também com cheques.

Depois do preenchimento feito com meu auxílio, fizeram-no sozinhos e corretamente. Demonstraram grande satisfação por terem aprendido a fazer algo tão importante, além de terem se saído muito bem, apesar de ter sido a primeira vez que realizaram tal tarefa.

14 — Descrição do procedimento com o gênero textual "ofício"

Entreguei uma cópia de um modelo de ofício para cada aluno e, como de costume, perguntei se sabiam do que se tratava. Não sabiam. Pedi que prestassem atenção na leitura que eu iria fazer, para que, depois, conversássemos a respeito. Após a leitura, disse que se tratava de um ofício e expliquei qual era sua função/finalidade.

Chamei a atenção dos alunos para a linguagem utilizada e expliquei por que escolhi trabalhar com esse tipo de texto. Disse que, além de ser um dos meus principais objetivos auxiliá-los a se tornarem capazes de ler e escrever a maior variedade possível de gêneros textuais, na semana seguinte, iríamos ao cinema e precisaríamos de um ofício para solicitar o pagamento de meia-entrada aos alunos.

Em seguida, disse que escreveríamos juntos o ofício de que precisávamos, usando o modelo que tínhamos em mãos. Assim o fizemos. Fui até a lousa e pedi que dissessem o que eu deveria escrever primeiro, eles responderam e eu escrevi. Eu ia perguntando, orientando, questionando, esclarecendo, intervindo; eles iam pensando, respondendo, dando sugestões, comparando o modelo de texto que tinham em mãos com o que estávamos construindo juntos e, assim, coletivamente, escrevemos um ofício que, depois de pronto, eu digitei e entreguei à minha diretora para que assinasse e eu pudesse levar ao cinema. Isso foi feito e os alunos demonstraram grande alegria e satisfação por terem participado da escrita de um documento que garantiu o desconto de seu ingresso de cinema.

15 — Descrição do procedimento com o gênero textual "documentos pessoais"

No dia anterior, pedi aos alunos que trouxessem seus documentos pessoais (RG, CPF, Certidão de Nascimento, de Casamento, Carteira de Trabalho e de Habilitação) para analisarmos juntos. Falamos sobre os dados que cada documento continha, sua importância e função.

Os alunos tinham informações a respeito da importância e utilidade dos documentos, em suas vidas, mas não sabiam muito bem que informações/dados continham, ou o que significavam alguns termos como, por exemplo, data de expedição.

Foram dadas as explicações necessárias e esclarecidas as dúvidas que eles tinham. À medida que íamos fazendo a leitura de cada documento, das informações contidas em cada um deles, íamos conversando a respeito, refletindo sobre a razão de ser de cada uma delas.

Ao final da aula, perguntei o que pensavam sobre fazer aquelas reflexões e receber aquelas explicações, se consideravam isso importante. Responderam que, para eles, era muito importante entender o significado do que estava escrito nos documentos que possuíam, para saberem utilizar, não serem enganados, passados para trás, para responderem se alguém perguntasse etc.

16 — Descrição do procedimento com o gênero textual "formulário"

O formulário em questão era de solicitação de emprego. Falei sobre o gênero "formulário", sobre os tipos de formulários que existiam, sua função, estrutura etc.

As dúvidas e dificuldades dos alunos referiam-se à compreensão do que estava sendo pedido em cada campo, para poderem preencher, ou seja, uma vez que não sabiam o que era "naturalidade" ou "nacionalidade", por exemplo, ficava muito difícil que conseguissem preencher esses campos corretamente.

Então, fui lendo cada um dos termos, explicando o que significavam e orientando-os no preenchimento de cada campo. Disse que não precisavam ter medo de errar, podendo, se quisessem, preencher a lápis e passar a caneta por cima, depois.

Foi difícil dar as orientações para todo o grupo e fazer com que todos escrevessem as mesmas coisas, simultaneamente. Por isso, disse que quem quisesse e conseguisse poderia ir preenchendo, fazendo perguntas, se necessário, além de ir ajudando também os colegas que precisassem. Alguns tiveram um pouco mais de dificuldade e a esses eu dei uma atenção maior. De qualquer modo, todos se saíram muito bem.

Um aluno — que estava preenchendo muito bem seu formulário — comentou que havia estado, poucos dias antes, em uma empresa para preencher uma ficha e não havia conseguido, pois ficara muito nervoso. Disse para ficar tranquilo, pois com as explicações e a ajuda que estava recebendo, a partir daquele momento, conseguiria preencher qualquer formulário com muito mais facilidade e segurança.

17 — Descrição do procedimento com o gênero textual "depoimento"

Trabalhamos com um texto que consistia na história de uma pessoa (um homem chamado Antonio) que aprendeu a ler e escrever depois de adulto e que conta sua história, enfatizando seu processo de aprendizagem da leitura e da escrita.

O texto foi escolhido pelo fato de que a história de vida contida nele apresentava muitas semelhanças com as histórias de vida dos alunos. Li o texto em voz alta e pedi que tentassem acompanhar a leitura com os olhos. Caso se perdessem ou não conseguissem acompanhá-la, que apenas ouvissem com atenção.

Após a leitura, comentei que se tratava de um depoimento e que, portanto, a história narrada era verdadeira. Alguns alunos fizeram comentários, dizendo que já tinham feito como o Antonio (personagem da história): tentar aprender a ler e escrever sozinhos.

Fui conduzindo a discussão para que os alunos percebessem, a partir da história do personagem do texto, os pontos em comum entre as suas próprias histórias, a fim de que refletissem sobre seu significado.

O personagem não tinha estudado quando criança. Por que será? Como deve ter sido sua vida? Por que eles (os alunos) não estudaram quando crianças? Como se sentiam? Quando começaram a estudar? Foi difícil? Como foi?

A maioria dos alunos não tem consciência dos determinantes econômicos, políticos e sociais que impediram e continuam impedindo grande parte da população brasileira de frequentar a escola e de concluir seus estudos. Pensam que têm culpa, responsabilizando a si próprios por seu "fracasso escolar".

Além disso, ressaltei a importância de pedir ajuda a outras pessoas para aprender a ler e escrever, pois é muito difícil fazê-lo sozinho, apesar de isso ter acontecido com o personagem da história, ou pelo menos de ele assim ter dito isso no texto.

Após essas colocações, pedi que procurassem no texto palavras escritas com duas letras, pois essa foi uma das coisas que Antonio (o personagem) percebeu, quando começou a compreender como a escrita funcionava. Ele começou a buscar regularidades na língua escrita: ver com que letras começavam as palavras, com que letras terminavam, que havia palavras de duas letras, apesar de serem poucas, que algumas letras nunca apareciam no fim das palavras etc.

Os alunos foram procurando no texto, falando-me e eu ia colocando-as na lousa. Depois disso, pedi que tentassem escrever outras palavras de duas letras. Os alunos foram falando e eu, da mesma maneira, fui escrevendo tais palavras na lousa: pé, pá, vi, cá, tu etc. Quando falavam palavras de três letras (geralmente monossílabas) como chá, mão, pão, eu as escrevia e eles mesmos, imediatamente, percebiam, dizendo: "não pode, tem três letras".

Eles também quiseram ler o texto em voz alta, para praticar e ver se estavam lendo bem. Perguntei como queriam fazer isso. Então, sugeriram que seria melhor numerar as linhas para que quem fosse ler não se perdesse durante a leitura e decidiram que cada um leria duas linhas.

Disse que não obrigaria ninguém a ler e que apenas os que quisessem iriam fazê-lo. Além disso, disse para não se preocuparem, pois se alguém não conseguisse ler alguma palavra, eu o ajudaria e que os colegas também poderiam auxiliar. Assim foi feito e todos acabaram lendo, sempre elogiados por mim, num clima de tranquilidade, solidariedade e alegria.

Após a leitura, perguntei o que tinham achado. Todos gostaram e disseram que era bom ler em voz alta para perder a timidez e o medo. Um aluno colocou ainda que, lendo sozinho, em voz baixa, não dava para saber se estava lendo corretamente e que, em voz alta, a professora poderia corrigir, os colegas ajudarem, fazendo com que soubesse onde estava acertando e onde estava errando.

Na aula seguinte, produzimos um texto coletivo a partir do texto (depoimento) trabalhado na aula anterior. Iniciei a aula dizendo que iríamos tentar recontar, com nossas palavras, a história do migrante Antonio e que todos poderiam e deveriam colaborar. Perguntei se alguém gostaria de ser o escriba do texto. Um aluno se habilitou: então foi até a lousa e as sugestões começaram a ser dadas pelos outros, sempre com a minha intervenção e orientação.

Depois que o texto ficou pronto, fizemos a sua revisão, ou seja, sua correção. Logo que a atividade foi iniciada, os alunos começaram a apontar erros ortográficos cometidos pelo colega-escriba. Porém, coloquei que seria melhor deixar que ele escrevesse do seu jeito, e que, em seguida, faríamos a correção, pois dessa forma, a produção escrita fluiria melhor, não pararia a todo momento, além de que para quem está escrevendo, é desconfortável e desestimulante ser corrigido o tempo todo.

Todos concordaram e assim fizemos. Depois de pronto, copiaram o texto no caderno.

O trabalho realizado com a ortografia

Apesar de não ter sido o objetivo central de minha pesquisa, gostaria de comentar o trabalho realizado com a ortografia, uma vez que dois alunos referiram-se a ele na entrevista final, por ter contribuído com o desenvolvimento de sua escrita. A esse respeito, um dos alunos fez as seguintes colocações:

"O que me atrapalho muito é no S, mas tudo bem, porque às vezes você ocupa dois, né? Ou ocupa dois R, que tem lugar que é pra por dois R, você puxa mais, né? É mais puxado, né? Quando é um R só é mais morto, né? Então eu tô mais pegado. Você vê, eu tô pegando muito bem. O R é que nem o S. O S quando ocupa dois S, um S é mais fraco, né? Então a gente tá pegando mais ou menos. Algumas coisas eu tô pegando, porque muitas coisas eu não sabia, porque eu sabia alguma coisinha, mas era pouco. Há pouco tempo, quando a gente ia estudar, assim, não tinha, ninguém tinha boa vontade de ajudar, de ensinar a gente. Mas que nem aqui não, aqui se eu ficasse mais um ano com você eu tenho certeza que eu ia ficar ótimo, bom mesmo, viu? (S1: Vitor)"

Nesse mesmo sentido, outra aluna relatou:

"Esse ano, antes eu não sabia juntar as palavras, que nem essa palavra que você ensinou esse ano e eu me liguei bem em completar as palavras, com essa palavra, que nem, com NH. O NH, eu, toda hora, eu não sabia ler e juntar como que era aquilo ali. Então, muitas palavras que ele vem, aí eu fico em dúvida. Eu tinha dúvida onde ia U ou O, né? Eulina e não Olina. E muitas coisas que eu tinha dúvida, eu resolvi esse ano. Até que eu desejava mais passar um ano com você pra tirar mais alguma dúvida, né? Mas não vai ter como... (S3: Sofia)"

Durante todo o ano, foram realizadas atividades de ortografia, essenciais para a apropriação do sistema de escrita, o que, além de não ser incompatível com a perspectiva do letramento adotada no presente estudo, é necessário para que os alunos aprendam a grafia correta das palavras. Em linhas gerais, tais atividades referem-se a:

— Organizar listas de palavras que possuem alguma semelhança, como, por exemplo, palavras que começam ou terminam com a mesma letra; que se referem a determinado assunto etc.

— Identificar palavras que rimam: ajuda a perceber que palavras que terminam da mesma maneira possuem o mesmo som final.
— Completar palavras com letras ou sílabas que estão faltando.
— Escrever novas palavras, a partir das letras de uma palavra dada.
— Identificar as letras que possuem sons diferentes, como a letra X, por exemplo, e sobre as diferentes letras que produzem sons iguais, tais como S e C; G e J etc.
— Trocar, tirar ou acrescentar apenas uma letra e formar novas palavras.

Através de atividades como essas, nossos alunos percebem as regularidades de nosso sistema de escrita. Para embasar teoricamente o trabalho realizado com ortografia, busquei apoio em Lemle (1994).

Os diários de leitura e escrita

No dia 23 de maio, os diários de leitura e escrita foram introduzidos no processo, a fim de se constituírem em um instrumento a mais de coleta de dados, ao mesmo tempo em que serviriam para incentivar as práticas de leitura e escrita dos alunos.

Nesse dia, apresentei-lhes os diários: pequenas cadernetas nas quais deveriam anotar tudo o que lessem e escrevessem diariamente. Disse que tal atividade era de fundamental importância e que, por essa razão, deveria ser levada a sério. Coloquei que as anotações consistiam em uma importante ferramenta de trabalho para a pesquisa que eu estava realizando, bem como para ajudá-los a desenvolver suas habilidades de leitura e escrita.

Como estavam cientes de sua participação para o desenvolvimento da presente pesquisa, foi fácil conseguir seu apoio e engajamento em mais essa atividade. Todos estavam muito envolvidos com o processo, comprometidos com sua própria aprendizagem e desenvolvimento, motivados e solidários em colaborar comigo para o que fosse necessário.

No dia 1º de junho, fizemos uma roda para falarmos a respeito dos diários de leitura e escrita. Pedi para que cada um lesse o que tinha escrito em seu diário, sem se preocupar com os erros que pudesse ter cometido, pois, juntos, corrigiríamos o que fosse preciso.

Disse que aquele era um momento especial, pois estaríamos compartilhando nossas leituras e as coisas que havíamos lido e escrito em nosso dia a dia, e que dali em diante realizaríamos uma vez por semana aquela atividade.

Em relação à apresentação feita ao grupo da leitura realizada, no início sentiram um pouco de vergonha, receio e insegurança, mas, com o tempo, foram se soltando e passaram a fazê-lo com naturalidade, uma vez que todos se encontravam na mesma situação.

A minha participação ocorria através de comentários sobre as leituras que eu havia realizado, demonstrando interesse pelas leituras que os alunos estavam apresentando, bem como fazendo comentários a respeito dos livros e outros materiais que já havia lido.

Considerações finais

Gostaria de retomar alguns pontos, os quais julgo, com base em minha experiência como professora e nos resultados da pesquisa em questão, fundamentais para o sucesso do processo de ensino-aprendizagem.

A meu ver, tudo o que nos constitui como professores de jovens e adultos, ou seja, os pressupostos ou princípios que nos norteiam, os autores que escolhemos, as teorias sobre as quais nos apoiamos, nossos ideais, valores, conhecimentos, tudo isso precisa unir-se ao desejo de ajudar as pessoas às quais atendemos. Portanto, é preciso inicialmente, que tenhamos clareza a respeito dos objetivos que queremos atingir — alunos lendo e escrevendo diferentes gêneros textuais, por exemplo — para, então, pensarmos o que e como devemos fazer para atingi-los.

Um dos fatores que contribuíram para o sucesso do trabalho pedagógico desenvolvido foi o pressuposto de que razão e emoção são indissociáveis. Em outras palavras, uma dimensão influencia a outra e, portanto, o professor deve considerar os impactos afetivos nos alunos de todas as suas práticas pedagógicas, planejadas e desenvolvidas em sala de aula — o impacto afetivo está sempre presente nas práticas escolares.

Neste sentido, quando ressaltamos a importância do papel da afetividade no processo de ensino-aprendizagem, estamos afirmando que os alunos aprenderão e terão sucesso se os aspectos afetivos forem pensados e trabalhados tanto quanto os cognitivos.

Nas entrevistas finais, os alunos relatam como o tratamento dispensado a eles pela professora — respeito, cuidado, atenção, elogios, incentivo, valorização, ajuda — fez toda diferença e foi decisivo para que aprendessem e se desenvolvessem.

Um dos alunos relatou, na entrevista final, que ficava contente quando a professora o elogiava. Em suas palavras:

"Pra mim, eu me sinto orgulhoso é eu escrevendo, errado mesmo, quando você fala: — Tá bom, tá ótimo. Às vezes pode ser que tá errado, mas você tá incentivando a saber, né?" (S1: Vitor).

Uma aluna disse que, durante o ano de 2005, passou a se sentir mais tranquila e segura, devido ao comportamento e às atitudes da professora. Em suas palavras:

"E esse ano já é diferente. Você tem mais tempo de sentar, você vai pra lá, prá cá, ajuda um, ajuda outro, né? Tem hora que, mesmo que um te chama, você tá acudindo o outro, né? Então, é importante, porque naquele mesmo tempo que você tá acudindo aquele outro, você vai ajudar aquela pessoa que tá precisando, né? Porque é importante, a gente se sente mais segura" (S2: Lilian, entrevista final).

Outra aluna, ao falar sobre os fatores que, em sua opinião, haviam contribuído para seu desenvolvimento e aprendizagem, colocou:

"Ah, eu acho que foi o jeito da professora ensinar. É importante uma professora boa, né, que senta e ajuda a gente. Eu acho que foi mais isso que me ajudou a aprender mais rápido" (S4: Luiza, entrevista final).

Ainda em relação a esse tema, outro aluno fez referência a certas características pessoais da professora que, a seu ver, contribuíram para o desenvolvimento de seu processo de aprendizagem. Em suas palavras:

"Professora, em primeiro lugar, a senhora é uma boa professora. Uma pessoa gentil, uma pessoa que sai, assim, em cada carteira, ensinando cada um de nós, que tem prazer, amor, assim, de ensinar os alunos. Nem todas as professoras fazem o que a senhora faz" (S5: Marcos, entrevista final).

Outra aluna, ao falar sobre sua aprendizagem e seu desenvolvimento em relação à leitura e à escrita, e sobre os fatores que poderiam ter contribuído para que eles acontecessem, também mencionou a mediação realizada pela professora. Ela fez as seguintes colocações:

"Eu não tenho o que falar não. Eu só tenho que agradecer. Acho que nós fomos premiados esse ano, de ter você aqui, né? Que é muito, assim, esforçada com a gente. Você foi, assim, do começo até o fim, a mesma professora, nunca mudou com a gente, na bondade, na paciência, em tudo, né, Lucia? Porque você foi uma coisa boa na nossa vida, no nosso estudo, esse ano, pra nós, viu?" (S7: Carolina, entrevista final)

Em relação ao trabalho realizado com os diversos gêneros textuais que circulam em nossa sociedade, os alunos-sujeitos relataram que a utilização de textos reais contribuiu para o desenvolvimento de sua competência para ler e escrever, bem como para o aumento de seu interesse e motivação pela leitura e pela escrita.

Uma das alunas disse, na entrevista final, que tudo o que havia sido trabalhado em sala, tinha sido real e que, por isso, estava satisfeita com o seu desenvolvimento. Em suas palavras:

"[...] hoje eu tô ligada só na escola. Eu tô sem preocupação. Foi legal, eu gostei bastante [...]. Aí acontece de você falar uma coisa ali e eu não entender: — Lucia, como que é tal palavra? — Ah, ó, é assim, assim, assim. Mas depois que eu procurar a realidade, eu não vou encontrar o que é aquilo ali. Então, a gente precisa ter a realidade certa, que aquilo ali tá sendo a realidade certa da palavra, né? Aí tudo o que a gente fez esse ano, foi tudo realidade" (S3: Sofia, entrevista final).

Ao dizer que "tudo o que foi feito foi realidade", pode-se supor que a aluna esteja se referindo às práticas pedagógicas desenvolvidas, às atividades realizadas, à utilização de textos reais, ao trabalho com gêneros textuais que circulam socialmente como cartas, bilhetes, receitas culinárias, cheques, placas, embalagens, formulários, rótulos etc.

Além disso, alguns alunos colocaram que o fato de terem, em sala de aula, realizado determinadas atividades de leitura e escrita, contribuiu para que passassem a fazê-lo também em outros contextos de sua vida diária, como, por exemplo, em casa ou no trabalho, indicando a estreita relação entre as práticas pedagógicas e as práticas de letramento.

Os dados revelam que, à medida que os alunos sentem que estão aprendendo, ficam estimulados a continuar estudando, pois tal percepção aumenta sua expectativa de sucesso. Nas palavras de Leite (2006), "autoestima e desempenho alimentam-se mutuamente".

No final do ano, todos os alunos que participaram da pesquisa demonstraram grande motivação para continuar estudando e aprendendo cada vez mais. Relataram estar sentindo-se mais seguros e confiantes em si mesmos e em suas capacidades. A seguir, as transcrições dos relatos feitos pelos alunos na entrevista final, confirmam isso:

"Eu tô lendo o que eu achar, tudo o que eu achar eu tô lendo. Tudo que eu vejo eu gosto de ler. Eu leio muito bem jornal, eu leio revista, tudo eu procuro. Pra mim, olha, você deu a maior força pra mim, né? Nossa! Eu me sinto muito bem. Essas coisas pra gente... porque eu desenvolvi muito bem, né? Quem não... como se diz, quem não sabe, não comia, agora tá comendo bastante, né? É uma coisa, né?" (S1: Vitor, entrevista final).

"Melhorou, melhorou bastante Lu, porque no início do ano, eu tinha dificuldade na leitura e na escrita, né? Agora eu já tô mais desenrolando, né? Não tô assim, boa de tudo, né? Mas eu tô bem desenrolada já. Melhorou bastante na matemática também, melhorou sim. A Bíblia, o jornal que eu não conseguia ler, né? Eu já tô conseguindo acompanhar a leitura da Bíblia. Quando eu tô na igreja, que os irmãos mandam eu ler a Bíblia, assim, falam o versículo, eu já consigo achar, já acho, né, o versículo, então eu consigo acompanhar sim" (S2: Lilian).

"Ah, Lucia, a leitura, a leitura pra mim, todos os dias eu leio. Foi esse ano. Antes eu não sabia juntar as palavras [...]. Olha Lucia, pra ler, né, pra ler, se você vai ler um jornal, você consegue ler um livro. Se você ler o livro, você consegue ler o gibi. Se você lê o gibi, você lê a Bíblia. Se você lê a Bíblia, também você lê a lição. Porque tudo junta. Então se você tá ali só pra ler e escrever, você já sabe o que você tá fazendo" (S3: Sofia).

"Antes do começo do ano, pra mim fazer o pedido do Avon, a menina ia sair pra trabalhar: — Carliane, faz o pedido do Avon. Carliane, faz o pedido do Avon. Não, hoje eu pego todas as revistas, eu faço tudo sozinha. Faço da Natura, faço as contas da Lingerie, faço tudo e aí eu fico pensando se saiu certo e dá tudo certo" (S3: Sofia).

"Eu quero estudar até... quando eu tirar todas as dúvidas que eu tenho, da primeira série até quando der. Porque eu penso muito de estudar só pro aqui mesmo, eu não penso de ir pra cidade, eu não penso, por causa dos meus filhos, porque eu não posso chegar tarde da noite em casa, com eles sozinhos em casa. Então, o pouco que eu aprendi aqui, eu tenho que ter responsabilidade com aquilo, de segurança que eu tenho na mão, porque muita gente chega em casa e pergunta: — Você sabe ler? — Eu sei, eu sei ler, né? Eu sei ler. — Ah, você veio de onde? — Ah, eu vim de Alagoas. Foi tempo que eu não tive como estudar, então eu tô estudando agora. — E você acha que tem futuro? Eu digo: — Eu tenho, tenho, porque coisa que eu não fazia antes, eu faço agora" (S3: Sofia).

"Eu tô lendo mais a Bíblia que antes eu não conseguia, lendo livro também. Então tem várias coisas que eu tô lendo agora que antes eu não conseguia" (S4: Luiza).

"Ah, eu acho que, pra mim, esse ano foi muito bom, ter uma professora que nem você, muito legal, nossa, eu amei você. Vou sentir muita falta, mas a vida continua, né? [...] É importante uma professora boa, né, que senta e ajuda a gente. Eu acho que foi mais isso que me ajudou a aprender mais rápido, né? Porque antes, eu não sabia nada. Você vê que, no começo do ano, eu sabia mais ou menos, né? Agora, graças a Deus, nossa, eu tô tão feliz que eu já sei! E eu, se Deus quiser, eu vou, vou tentar, né, o impossível, porque, nossa, o meu sonho é saber mais, mais, quem sabe pra, mais pra frente, ter um futuro melhor, né? Porque sem leitura não dá certo" (S4: Luiza).

"Mas esse ano, agora, eu tô bem mais esperta, não sei por quê. Tô. Então, eu leio conta de água, de luz, fatura de loja, né, quando chega, eu leio também" (S6: Bruna).

"Porque, como eu tava falando, eu melhorei, né? Eu melhorei mais. Mais confiante na leitura. Porque esse ano foi assim Lucia. Você trabalhou bastante com a gente, você não faltou [...]. Bíblia. Leio todos os dias um pedacinho, o que eu posso, um tempinho que eu tiro. Eu tenho a Bíblia no meu quarto, né? Às vezes eu leio um salmo [...] sempre eu procuro, no meio do dia, ler um pedacinho. Não lia, não lia. Eu ia na igreja, assim, nem o... como é que chama aquele folhetinho da missa? Eu não lia, porque é difícil, não lia nada" (S7: Carolina)

"[...] Comecei esse ano, que eu comecei a ver negócio de jornal [...]. Melhorei sim. Porque eu passei a ler jornal, passei, assim, eu li bastante revista e porque a senhora deu a caderneta pra gente marcar, né? E deu jornal pra gente levar pra casa. Eu levei bastante jornal daqui pra lá, então, por isso que a gente... Coisa que tá nos livros, revistas, que a gente tinha curiosidade de ler, pra gente saber, né?" (S5: Marcos).

Em minha pesquisa, procurei contar as histórias de envolvimento dos alunos com a leitura e a escrita, vivenciadas durante o processo de escolarização e demonstrar o desenvolvimento de suas práticas de letramento.

Apesar de as histórias serem singulares e únicas, por se referirem a sujeitos distintos, com experiências de vida, conhecimentos e trajetórias diferentes, alguns pontos em comum podem ser identificados, a partir de uma análise atenta de suas narrativas.

A começar pelas histórias de migração: pode-se dizer que todos os sujeitos, excetuando-se um apenas, deixaram sua cidade natal e partiram em busca de melhores condições de vida. Alimentados pelo sonho e esperança de encontrar tudo o que almejavam no estado de São Paulo, vieram morar na cidade de Campinas. Alguns familiares (pais, irmãos, tios, primos) fizeram esse mesmo movimento, migrando pouco tempo antes ou depois deles.

Além disso, foram muitas as dificuldades que enfrentaram e ainda enfrentam em suas vidas, tais como falta de trabalho, de escola, roupas, comida, dinheiro, assistência médica, odontológica, jurídica, social etc. Pode-se dizer que são pessoas pertencentes a uma camada da população que sempre foi excluída da participação nos bens econômicos e culturais produzidos pela sociedade capitalista.

A passagem pela escola, na infância, para todos os sujeitos, aconteceu de forma descontínua e irregular, interrompida por problemas geralmente relacionados com a necessidade de trabalhar para sobreviver e ajudar no sustento da família. A distância entre a casa e a escola também se apresenta como algo que dificultou o acesso à educação, da maioria dos sujeitos, uma vez que todos moravam em zonas rurais.

Ressalte-se ainda que, apesar de curta, a passagem pela escola, durante a infância, foi marcada por experiências afetivamente negativas, frequentemente traumáticas, como castigos físicos e humilhações.

Em relação às atividades profissionais, todos ocupavam posições pouco qualificadas e remuneradas. Nenhum deles escolheu a função que exercia e, mais do que isso, gostariam de ter outro emprego, outra profissão, como arquiteta secretária, professora etc.

A respeito das práticas sociais de leitura e escrita, nossos dados demonstram que, no início do ano, nenhum dos sujeitos apresentava práticas sistemáticas, como, por exemplo, escrever uma lista de compras, escrever em um diário, ler um manual de instruções etc.

No final do ano, na entrevista final, uma aluna relatou ter lido, pela primeira vez, um manual de instruções. Todos haviam escrito o diário de leitura e escrita, sendo que uma aluna, estimulada por essa prática, deu início também à escrita de um diário de uso pessoal.

Outras práticas de letramento, como leitura de jornal, da Bíblia, de gibis, revistas, livros e receitas culinárias, eram realizadas esporadicamente antes do início do ano letivo, por alguns alunos.

Muitos dos que não realizavam tais práticas passaram a fazê-lo durante o ano de 2005, o que indica uma possível relação entre o desenvolvimento das práticas de letramento dos sujeitos da pesquisa e as práticas pedagógicas desenvolvidas, uma vez que muitos dos gêneros textuais citados foram abordados durante as aulas.

Os estudos sobre letramento remetem-nos aos estudos sobre gêneros textuais e ambos nos mostram que ler e escrever não são habilidades ou capacidades com um fim em si mesmas, mas estão circunscritas em diferentes tempos e espaços e, por essa razão, variam: o que se lê, para quem, para que, o que se escreve, para quem, como e por que etc.

Desse modo, se queremos que nossos alunos aprendam a ler e a escrever, temos que pensar o que eles precisam aprender a ler e a escrever, pois ler um jornal é diferente de ler uma receita de bolo, que é diferente de ler um catálogo telefônico e assim por diante. Da mesma forma que escrever um bilhete é diferente de escrever uma carta, que é diferente de preencher um cheque ou uma ficha de emprego etc. Portanto, quanto maior a variedade de gêneros textuais que utilizarmos em nossas aulas e quanto mais rica for a exploração de cada gênero, de suas particularidades, suas características, maior também será o êxito de nosso trabalho, preparando nossos alunos para a utilização dos textos, com competência e autonomia.

Com base nos resultados obtidos, posso afirmar que o trabalho realizado em sala de aula, baseado na abordagem de diversos gêneros textuais que circulam em nossa sociedade, contribuiu para o envolvimento dos sujeitos com as práticas sociais de leitura e escrita, presentes em seu cotidiano.

Observa-se, pelos relatos dos alunos, que as práticas pedagógicas tiveram fundamental importância no desenvolvimento das práticas de leitura e escrita já existentes, bem como de novas práticas de letramento dos sujeitos da pesquisa, o que demonstra que o envolvimento com a leitura e a escrita não ocorre de modo natural ou espontâneo. Implica, ao contrário, planejamento, sistematização, organização e empenho por parte dos professores, coordenadores, diretores e da escola, de um modo geral.

Outro ponto que merece ser enfatizado refere-se às condições concretas de trabalho do professor para que a atividade docente seja desenvolvida da melhor maneira possível. Defendo a ideia de que tal atividade não pode ser desenvolvida isoladamente pelo professor, mas em conjunto, pela equipe de trabalho: professores, coordenadores e orientadores pedagógicos, diretores e supervisores educacionais.

Procurei mostrar, neste texto, como é possível realizar um trabalho de alfabetização de jovens e adultos na perspectiva do letramento, com resultados positivos, em termos de aprendizagem e desenvolvimento da leitura e da escrita, tanto do meu ponto de vista — professora — como também do ponto de vista dos alunos que passaram pelo processo.

Pretendi apresentar, através da explicitação dos pressupostos teóricos e das premissas que sustentaram as práticas pedagógicas, bem como da descrição dos procedimentos de ensino desenvolvidos, não um modelo a ser seguido, mas um caminho possível de ser percorrido por outros professores, outros alunos, outras turmas e, dessa forma, dar uma pequena contribuição à área da Educação de Jovens e Adultos de nosso país.

É possível dizer que os dados obtidos indicam a ocorrência de mudanças nas práticas de leitura e escrita dos alunos que participaram como sujeitos de minha pesquisa, ou seja, ocorreu um desenvolvimento de seus níveis de letramento.

Pode-se sugerir, com isso, que o processo de alfabetização desenvolvido — na perspectiva do letramento — tenha facilitado, ou ainda, propiciado a ocorrência das referidas mudanças.

Desse modo, acredito ter apresentado, neste texto, uma prática pedagógica que colabora com a inserção dos indivíduos em uma sociedade de cultura letrada, auxiliando-os no processo de construção de sua cidadania, contribuindo, assim, para a melhoria da qualidade de suas vidas.

Referências bibliográficas

ALBUQUERQUE, E. B. C. de; LEAL, T. F. (Orgs.). *A alfabetização de jovens e adultos em uma perspectiva de letramento.* Belo Horizonte: Autêntica, 2004.

ALMEIDA, A. R. S. *A emoção na sala de aula.* Campinas: Papirus, 1999.

BARELLA, L. M. de S. *Alfabetização de jovens e adultos na perspectiva do letramento.* Dissertação (Mestrado em Educação) — Faculdade de Educação, Universidade Estadual de Campinas, Campinas, 2007.

DANTAS, H. et al. Afetividade e a construção do sujeito na psicologia de Wallon. In: *Piaget, Vygotsky e Wallon*: teorias psicogenéticas em discussão. São Paulo: Summus, 1992.

______. Emoção e ação pedagógica na infância: contribuição de Wallon. *Temas em Psicologia*, n. 3, p. 73-76, 1993.

DI NUCCI, E. P. *Práticas de letramento de alunos do Ensino Médio*: um estudo descritivo. Tese (Doutorado em Educação) — Faculdade de Educação, Universidade Estadual de Campinas, Campinas, 2002.

DURANTE, M. *Alfabetização de adultos*: leitura e produção de textos. Porto Alegre: Artmed, 1998.

FREIRE, P. *Pedagogia do oprimido.* 17. ed. Rio de Janeiro: Paz e Terra, 1987.

FREIRE, P. *Ação cultural para a prática da liberdade e outros escritos*. 9. ed. São Paulo: Paz e Terra, 1996.

GALVÃO, A. M. de O.; SOARES, L. J. G. História da alfabetização de adultos no Brasil. In: ALBUQUERQUE, E. B. C. de; LEAL, T. F. (Orgs.). *A alfabetização de jovens e adultos*: em uma perspectiva de letramento. Belo Horizonte: Autêntica, 2004.

GROTTA, E. C. B. *Processo de formação do leitor*: relato e análise de quatro histórias de vida. Dissertação (Mestrado em Educação) — Faculdade de Educação, Universidade Estadual de Campinas, Campinas, 2000.

LEAL, T. F. A aprendizagem dos princípios básicos do sistema alfabético: por que é importante sistematizar o ensino? In: ALBUQUERQUE, E. B. C. de; LEAL, T. F. (Orgs.). *A alfabetização de jovens e adultos em uma perspectiva de letramento*. Belo Horizonte: Autêntica, 2004.

LEITE, S. A. S. (Org.). *Afetividade e práticas pedagógicas*. São Paulo: Casa do Psicólogo, 2006.

______; TASSONI, E. C. M. Afetividade em sala de aula: as condições de ensino e a mediação do professor. In: AZZI, R. G.; SADALLA, A. M. F. A. (Orgs.). *Psicologia e formação docente*: desafios e conversas. São Paulo: Casa do Psicólogo, 2002.

LEMLE, M. *Guia teórico do alfabetizador*. 8. ed. São Paulo: Ática, 1994.

MARCUSCHI, L. A. *Gêneros textuais*: o que são e como se escrevem. Recife: UFPE, 2000. (Mimeo.)

______. Gêneros textuais: definição e funcionalidade. In: DIONISIO, A. P.; MACHADO, A. R.; BEZERRA, M. A. (Orgs.). *Gêneros textuais e ensino*. Rio de Janeiro: Lucerna, 2002.

OLIVEIRA, M. K. O pensamento de Vygotsky como fonte de reflexão sobre a educação. *Cadernos Cedes*, 2. ed., v. 35, jul. 2000.

______. Letramento, cultura e modalidades de pensamento. In: KLEIMAN, A. *Os significados do letramento*: uma nova perspectiva sobre a prática social da escrita. Campinas: Mercado de Letras, 1995.

______. Jovens e adultos como sujeitos de conhecimento e aprendizagem. In: RIBEIRO, V. M. (Org.). *Educação de jovens e adultos*: novos leitores, novas leituras. Campinas: Mercado de Letras, 2001.

PERON, S. C. As condições institucionais para a organização do trabalho pedagógico. In: LEITE, S. A. S. (Org.). *Alfabetização e letramento*: contribuições para as práticas pedagógicas. Campinas: Komedi e Arte Escrita, 2001.

SANTOS, F. O. et al. *Gêneros textuais na educação de jovens e adultos*. 2. ed. rev. Maceió: Fapeal, 2004.

SILVA, E. T. *De olhos abertos*: reflexões sobre o desenvolvimento da leitura no Brasil. São Paulo: Ática, 1991.

TASSONI, E. C. M. *Afetividade e produção escrita:* a mediação do professor em sala de aula. Dissertação (Mestrado em Educação) — Faculdade de Educação, Universidade Estadual de Campinas, Campinas, 2000.

______. A afetividade e o processo de apropriação da linguagem. In: LEITE, S. A. S. *Alfabetização e letramento*: contribuições para as práticas pedagógicas. Campinas: Komedi e Arte Escrita, 2001.

VYGOTSKY, L. S. *A formação social da mente*: o desenvolvimento dos processos psicológicos superiores. 5. ed. São Paulo: Martins Fontes, 1994.

WALLON, H. *A evolução psicológica da criança*. Lisboa: Edições 70, 1968.